宝坪村志

LOCAL RECORDS OF BAOPING

安徽省太湖县北中镇宝坪村志编纂委员会　编

图书在版编目（CIP）数据

宝坪村志 / 安徽省太湖县北中镇宝坪村志编纂委员会编. -- 北京：方志出版社，2019.12

（中国名村志丛书）

ISBN 978-7-5144-3779-9

Ⅰ. ①宝… Ⅱ. ①安… Ⅲ. ①村史—太湖县 Ⅳ. ① K295.45

中国版本图书馆 CIP 数据核字（2019）第 267136 号

· 中国名村志丛书 ·

宝坪村志

编　　者：安徽省太湖县北中镇宝坪村志编纂委员会
责任编辑：李志瑜

出 版 者：方志出版社
地址　北京市朝阳区潘家园东里 9 号（国家方志馆 4 层）
邮编　100021
网址　http：//www.fzph.org
发　　行：方志出版社图书经销中心
电话　（010）67110500
经　　销：各地新华书店
排　　版：北京纺印图文设计制作有限公司
印　　刷：北京中科印刷有限公司

开　　本：787 × 1092　　1/16
印　　张：15.25
字　　数：326 千字
版　　次：2019 年 12 月第 1 版　　2019 年 12 月第 1 次印刷

ISBN 978-7-5144-3779-9　　**定价**：128.00 元

◉ 序一

中共十九大报告明确提出："坚定文化自信，推动社会主义文化繁荣兴盛。""没有高度的文化自信，没有文化的繁荣兴盛，就没有中华民族伟大复兴。要坚持中国特色社会主义文化发展道路，激发全民族文化创新创造活力，建设社会主义文化强国。"编修地方志是中华民族千百年来的固有传统，留下了浩如烟海的历史文献，承担着传承中华文明、发掘历史智慧的重任，发挥着存史、育人、资政的作用。

在习近平新时代中国特色社会主义思想指引下，在增强文化自信、推动传统文化创造性转化、创新性发展背景下，全国地方志事业迎来了开拓创新与转型升级的重要机遇期。中国地方志指导小组及其办公室组织实施的中国名村志文化工程，用中国独有的文化载体——地方志，来记录乡村的"名"和"特"，记录乡村全面建成小康社会的进程和取得的成就，是地方志围绕以人民为中心开拓创新的具体举措，是传承乡土文化、坚定文化自信、加快建设社会主义文化强国的内在要求，是服务乡村振兴战略、加快全面建成小康社会、推进社会主义现代化建设、实现中华民族伟大复兴中国梦的应有之义。

实施中国名村志文化工程，是方志人贯彻落实习近平总书记"农村要留得住绿水青山，系得住乡愁"重要讲话精神的重要举措。"望得见山、看得见水、记得住乡愁……"习近平总书记用诗意的语言为中国的新农村建设指明了方向。开展新农村建设、美丽乡村建设，一定要把绿水青山保留下来，尽可能在原有村庄形态上改善农民生活条件，不盲目拆旧，也不盲目造新，让家乡的每一条河、每一棵树、每一口井，都能永远成为我们的乡愁。这是我们弘扬传统、面向未来的底气所在。那么，如何留住乡音、乡风、乡思，继承传统文化菁华，挖掘历史智慧，成为极其重要的工作。实施中国名村志文化工程，保护抢救、传承保存、开发利用宝贵的村落文化，重新唤起人们记忆中古老村落的青山绿水、小河大树、轶事掌故，打造完整记录乡村发展嬗变和现代化农村经济社会运行模式的系列中国名村志丛书，让乡土文化回归并为困惑的当代人提供精神家园，让农耕文化的优秀菁华成为建构农村文明的底色，无疑具有重要的现实意义和深远的历史意义。

实施中国名村志文化工程，是方志人贯彻落实党中央乡村振兴战略的鲜活实践。中共十八大以来，以习近平同志为核心的党中央高度重视农业、农村、农民工作，提出了许多新理念、新思想、新战略，特别是中共十九大报告作出实施乡村振兴战略的重大部署。2018年9月26日，中共中央、国务院印发《乡村振兴战略规划（2018—2022年）》，明确提出“鼓励乡村史志修编”。深入推进中国名村志文化工程，有利于全面翔实记录乡村振兴进程，客观记载地理环境、历史沿革、姓氏源流、人口、民族、方言、民居、宗祠、风俗习惯、家谱族谱、家规族规、宗教信仰、文物遗址、掌故传说、历史事件、人物等，完整保留乡土文化的原貌。所有这些工作，可以为延伸地方志工作触角，充分发挥志书存史、育人、资政功能提供借鉴；可以为社会各界和华人华侨、港澳台同胞寻根问祖、反哺桑梓、泽被乡里提供帮助。依托中国名村志文化工程的重要平台与载体，乡村振兴战略下的现代乡村将进一步挖掘自身独特内涵，彰显其新时代的作用及意义。

中国名村志文化工程从新时代中国特色社会主义的新需求出发，创新体例，立足实际，内容既严谨又通俗，展示了不同地区自然和社会风貌，在坚持志体基础上运用专题报告、回忆录、人物访谈、新闻资料等多种手法，重点介绍农村地区在转型发展方面的探索、示范、引领意义，对于不断提高地方志事业围绕中心服务大局的能力，为乡村改革发展贡献历史智慧，讲好中国故事，彰显中国软实力，增强“四个自信”等方面具有积极意义。

两年来，在借鉴中国名镇志丛书及各地乡镇（村）志宝贵编纂经验的基础上，中国名村志丛书编修不断取得丰硕成果，产生了良好的社会效益，新一批中国名村志的申报数量、覆盖范围延续强劲增长态势，充分体现出强大的内生动力。下一步，要总结经验、把握规律，为服务国家城镇化建设和乡村振兴战略打造更多优秀文明成果，推动中华优秀传统文化创造性转化和创新性发展，从中提炼出适合新时代、新形势、新变化、新要求的文化精髓，展现中国方志的当代价值和世界意义。

是为序。

中国社会科学院院长
中国地方志指导小组组长　谢伏瞻

◉ 序二

连绵不断地编修地方志是中国独有的优秀文化传统，承担着赓续文明、传承文化的重任。保存至今的8000余种、10万余卷历代方志，蕴含着传统文化基因和海量文化信息，既是中华优秀传统文化的重要组成部分，又是传承、彰显中华优秀传统文化的重要载体。

在各种类型的地方志编纂中，村志编纂古已有之，但从未进入国家层面的地方志编纂序列。新中国成立以来，党中央、国务院高度重视包括村志编纂在内的地方志工作，出台了重要文件。中央领导发表了重要讲话、作出了重要批示。习近平总书记高度重视包括村志编纂在内的地方志工作。2004年10月，他在担任浙江省委书记时到江山市凤林镇白沙村考察，看到村民编纂的《白沙村志》，鼓励村民把村志继续编纂下去。2014年4月，刘延东副总理在与第五次全国地方志工作会议部分会议代表座谈时指出："要结合发展的新形势，加强对地方志包括部门志、行业志、专题志、乡镇村志编纂的业务指导和服务。"2015年8月，国务院办公厅印发的《全国地方志事业发展规划纲要（2015—2020年）》，正式将中国名村志文化工程列为主要任务之一。2017年5月，中共中央办公厅、国务院办公厅印发的《国家"十三五"时期文化发展改革规划纲要》指出："完成省、市、县三级地方志书出版工作。开展旧志整理和部分有条件的镇志、村志编纂。"可以说，村志编纂迎来了历史上的最好时期。

农业、农村、农民"三农"问题，是数千年来影响中国社会发展最核心的问题。中共中央高度重视"三农"工作，从2004年起，连续13年，每年的中央1号文件都聚焦"三农"。中共十九大报告更是提出"农业农村农民问题是关系国计民生的根本性问题，必须始终把解决好'三农'问题作为全党工作重中之重"，特别是提出了"乡村振兴战略"，这是中国共产党在中国特色社会主义进入新时代后，对农村发展问题所做出的准确把握和与时俱进的战略应对，是建设中国特色社会主义强国战略的重要组成部分。改革开放近40年来，在党中央、国务院高度重视社会主义新农村建设的新形势下，各地涌现出一大批历史文化名村、经济强村、新农村建设示范（试点）村、美丽乡村和特色村，成为先进生产力和先进文化的代表。客观记录中国农村全面建成小康社会的进程，向后人展示在中国共产党领导下农村千年未有的巨变，是地方志工作者肩负的光荣而重大的历史使命。编纂中国名村志丛书，是记载当代中国农村发展变革的重要途径。

文化寻根，寻的是其发展的源头和根基。村落是中国传统文化的根基所在。农村的生产生活方式、社会规范、宗族文化、宗教文化、民风习俗、传统节日、民间艺术等，无不镌刻着中国人独特的民族性格，这就是家国情怀、文脉绵延、精神归属。在快速城镇化进程的冲击和开发性破坏下，大量传统村落面临消亡的危机，村落蕴含的历史文化信息也流失殆尽，抢救性保护刻不容缓。编纂中国名村志丛书，是保存村落历史文化信息，抢救、保护村落文化最好的方式。

一方水土养一方人。家乡的山水草木、村间小巷、乡俗民情会在每个人心头留下深刻的烙印，这就是故土情结。而村落的形成与发展离不开人的活动。编纂中国名村志丛书，通过记述村落建筑、名门望族来追溯村落的历史；通过记述村落规模、布局、人口、物产等反映人口来源、宗族兴衰、生活习惯、文化背景、宗教信仰、经济发展等，体现环境与人相互影响、相互作用、相互发展的既矛盾又统一的关系；通过记述戏剧、音乐、舞蹈、美术、文学、手工技艺等文化形式，展示百姓在长期的生产生活实践中摸索和总结出的智慧结晶，强化人们沟通感情的纽带。编纂中国名村志丛书，是传承乡俗、诉说乡音、记住乡愁、纾解乡思，激活历史传统、唤起共同文化记忆、塑造共同心灵认同的重要文化工程。

中国名村志文化工程以践行文化自信、传承中华文脉、彰显时代发展为己任，以打造全国地方志系统的重要品牌为目标，在体裁运用、篇目设置、资料选择等方面进行大量的创新，突出“名”和“特”，拣选各个名村中最值得记述、最具有代表性的人、事、物，予以浓墨重彩的描画，从而形成系列的、高质量的、可读性强、雅俗共赏的地方志读本，让地方志紧接地气、贴近百姓，让地方志成果进入寻常百姓家，让人民群众共享地方志成果，让越来越多的人从地方志中感知传统、历史和记忆，成为传统村落和传统文化的守护者，成为中华优秀文化的传承者。

是为序。

中国社会科学院原院长
中国地方志指导小组原组长 王伟光

◉ 序三

习近平总书记指出："让居民望得见山，看得见水，记得住乡愁。"这句富有诗意的重要论述不仅唤醒了中国人城镇化建设过程中对于人和自然关系、人和历史关系的思考，同时也引发了学界对"乡愁"进一步进行文化意义解读的兴趣。从本质上看，乡愁是一种源自主体体验的情感，隐含了一种人们带着乡愁追寻自我生存与生命意义、追寻诗意栖居的精神家园的美学思辨。同时，这种追寻自我生存的主体逐渐转向大众群体，乡愁也由传统单一的"文化乡愁""爱国情怀"演变为对于"理想家园"的精神追求。

中国有近 60 万个村庄，约有 5000 个古村落，被住房城乡建设部和国家文物局界定的传统村落就有 1561 个。随着中国城镇化步伐的加快，乡村的版图日渐凋敝，大批农村青壮年劳动力走进城镇，融入了新的生活。然而，每逢传统佳节，那种挥之不去的离愁别绪挟裹着亿万农民工，又融入了返乡的滚滚洪流。这是乡愁的情愫牵动着他们，是故乡的山、故乡的水、故乡的老屋、故乡的小吃在牵动着他们，是故乡家家户户的楹联和口口相传的故事，以及只有在隆重的传统佳节才有的古老的民风习俗在牵动着他们。

文化可以体现一个民族、一个国家、一个社会的重量与体温，这是文化的力量之所在，而村落是传统中国的根脉所系，乡土社会是最能够体现中国传统文化特征的地方。梁漱溟曾指出："中国文化是以乡村为本，以乡村为重，所以中国文化的根就是乡村。"我曾在《建设社会主义新农村的理论与实践》一书中指出，在新农村建设的过程中，必须"保护和发展有地方和民族特色的优秀传统文化，创新农村文化生活的载体和手段，满足农民群众多层次、多方面的精神文化需求"，而编纂村志尤其是实施中国名村志文化工程就是一个重要举措。实施中国名村志文化工程，编纂中国名村志丛书，以最基层的村落为研究对象，寻根传统村落的历史，梳理村落的发展脉络，以唤起人们的归属感和认同感，探索新型城镇化和社会主义新农村建设过程中，如何留住乡音、乡风、乡思，继承传统文化精华，挖掘丰富历史智慧，是贯彻落实中央城镇化工作会议精神和中共十九大提出的“乡村振兴战略”的重要举措，是当前和今后一个时期全国地方志工作者的重要工作。

虽然村落文化正在日益远离当下生活，但我们可以抓住诸如基本村情、文物胜迹、古村保护、特色文化、旅游名胜、村域经济、风土民情、村民生活、新农村建设、艺文杂记、名人与名村等关键内容，通过志书的手法来诠释乡村文化的精华。我们如实记录着村落里的人和事，以及青山绿水、小河大树、袅袅炊烟，力争以最完整、最原真的方式呈现村落的前世今生。我们要为“迷失”的人留住乡村文化的根脉，让人们难以割舍的乡愁得以慰藉和释放。

中国名村志文化工程将触角伸向那些极具代表性的村落，它们有的历史悠久、名人辈出，有的经济腾飞、重获新生，有的风景秀丽、景观独特，有的地处边陲、神秘莫测……我们挖掘中国不同类型村落的发展之路，为探索新型城镇化和社会主义新农村建设的发展经验、发展模式、前进道路提供历史智慧和现实借鉴。因此，打造以重在表现乡村嬗变为主旨的中国名村志丛书十分必要和迫切，这是一项功在当代、利在千秋的文化工程。

近年来，随着中国经济社会的发展和国际地位的提高，越来越多的人想要认识中国、了解中国、研究中国。在这样的形势下，乡村是不可或缺的一环，我们要集中讲好发生在乡村的故事，向世界呈现一个多元的、立体的中国。乡村历经岁月变迁的风雨，见证着改革开放的步伐，寄托着数代中国人的情感。发生在乡村的故事无疑是血肉丰满的、震撼人心的、引起共鸣的。我们应该有这个自信能够讲好乡村故事，讲好中国故事，描绘出中国的底色，“让每一个中国人都能在地方志中找到自己的位置”。

可喜的是，越来越多的有识之士认识到了这一点，加入到保护、传承、发展村落文化的队伍中来。仅就编纂中国名村志丛书来看，第一批的申报范围就涵盖包括香港特别行政区在内的32个地区，申报数量高达70余部。“直笔著信史，彰善引风气，为当代提供资政辅治之参考，为后世留下堪存堪鉴之记述”，这是我们的初心和使命。希望中国名村志文化工程的实施，能够带动更多的人关注中国乡村文化，为社会主义文化强国建设作出更大的贡献。也希望越来越多的名村都来融入继承中华文化传统、颂扬中华传统文化的活动中，让正能量更多地润泽温暖人们的心灵，让更多的人“记得住乡愁”！

是为序。

中国社会科学院原副院长
中国地方志指导小组原常务副组长 李培林

◉ 安徽省太湖县《宝坪村志》编纂委员会

顾　问　章顺国　张文斌　詹婉平（女）

主　任　姚礼汉　汪学平

成　员　陈发群　李义群　章艳栋　陈兴明　查志信
　　　　　祝厚林　方世海

◉ 安徽省太湖县《宝坪村志》编辑人员

主　编　祝厚林

编　审　章顺国　詹婉平（女）

编　务　查志信　吴卫东　吴伟华　赵锡旺　江卫春
　　　　　赵文星　赵先东　刘玉秀（女）赵亚玉（女）

摄　影　祝厚林　赵国余　吴卫东　江　群（女）陈达华

秀美山川（2017 年）　　陈达华　摄

◉ 中国名村志丛书凡例

一、以马克思列宁主义、毛泽东思想、邓小平理论、“三个代表”重要思想、科学发展观、习近平新时代中国特色社会主义思想为指导，坚持辩证唯物主义和历史唯物主义的立场、观点和方法，存真求实，全面、客观、系统记述中国名村村落发展变化进程和改革开放成果，传承和抢救乡土历史文化，激发爱国爱乡情怀，留住乡愁，为探索中国特色新型城镇化建设、服务乡村振兴战略提供历史智慧和现实借鉴。

二、为全面反映入志事物发展脉络，各志上限尽量追溯至事物发端，下限一般断至各村志启动编修年份，个别重大事项可延至搁笔。详今明古，着重反映时代特色和地方特点，重点体现各村的“名”与“特”。

三、记述地域范围以下限年份的行政辖区为主。为体现名村在更大区域内的意义，可以从更开阔的区域视野记述与该村相关的内容。

四、统一采用纲目体，设类目、分目、条目三个层次。横排门类，纵述史实，述而不论。

五、综合运用述、记、志、传、图、表、录等各种体裁，以志体为主。体裁运用适当创新，篇目设置不求面面俱到，一般意义上的村级内容略去不载。

六、除引用文字和附录文献资料外，统一使用规范的现代语体文记述，行文力求朴实、严谨、简洁、流畅、优美，具有较强可读性。

七、人物部类遵循“生不立传”原则，人物传主按生年排序，只选录对本村发展有重大影响的人物，不面面俱到。

八、各项数据一般采用国家统计部门数据。数据缺乏的，采用主管部门或主办单位正式提供的数据。

九、数字用法、标点符号、计量单位分别执行国家标准《出版物上数字用法》

（GB/T 15835—2011）、《标点符号用法》（GB/T 15834—2011）、《国际单位制及其应用》（GB 3100—1993）和《有关量、单位、符号的一般原则》（GB 3101—1993）。历史上使用的计量单位，如斗、石、里、尺、磅、华氏度等，在引文时可照录。考虑到社会使用习惯，全书中亩不统一换算。

十、中华民国成立前的纪年，使用朝代年号纪年，括注公元年份；中华民国成立后的纪年，均使用公元纪年。志中所称“解放前（后）”，以该村解放日为界；“新中国成立前（后）”，以中华人民共和国成立日 1949 年 10 月 1 日为界；“改革开放前（后）”，以 1978 年 12 月中共十一届三中全会召开为界。本志“××年代”，凡未加世纪者，均指 20 世纪。

十一、为节省篇幅，避免重复，本志采用条目互见法。参见条目的表示形式为：参见本志“××类目·××分目·××条目”。

十二、对旧志、古籍中的繁体字、冷僻字一般用简化字或通用字替换，易引起误解的则保留。

十三、记述各个历史时期的党派、机构、职务、地名等，均以当时的名称为准。对频繁使用的名称，首次用全称并括注简称，其后用简称。

十四、各村志需要单独说明的事项，均在各自编纂始末中记述。

宝坪村在中国的位置

审图号：GS（2018）2667号

宝坪村在安徽省的位置

审图号：GS（2018）2667号

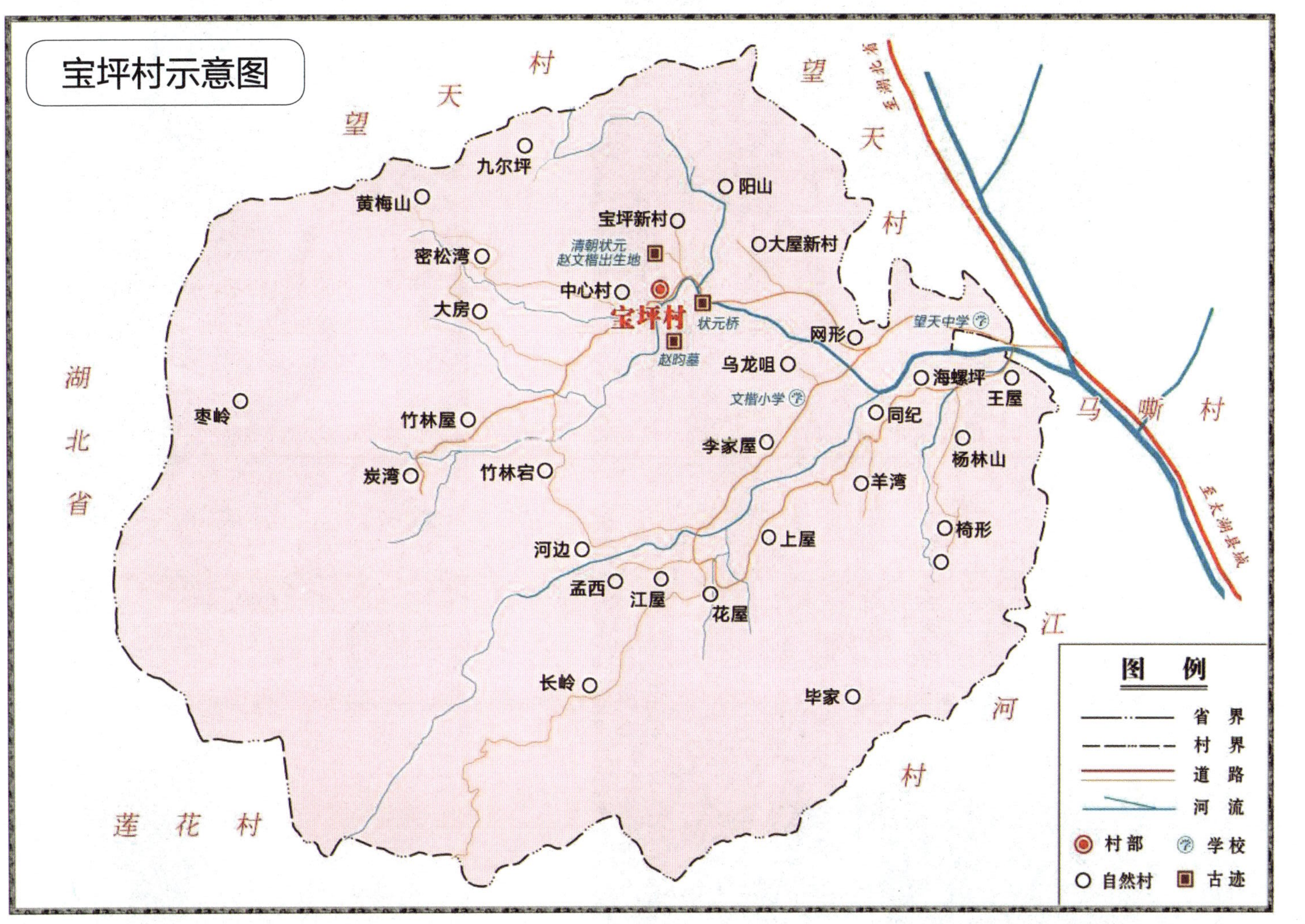
宝坪村示意图
望天村
湖北省
莲花村
江河村
马蜥村
至湖北省
至太湖县城
九尔坪
黄梅山
阳山
宝坪新村
大屋新村
清朝状元
赵文楷出生地
密松湾
中心村
宝坪村
状元桥
赵昀墓
大房
网形
望天中学
乌龙咀
海螺坪
王屋
文楷小学
同纪
枣岭
竹林屋
李家屋
杨林山
炭湾
竹林宕
羊湾
椅形
上屋
河边
孟西
江屋
花屋
长岭
毕家
图例
省界
村界
道路
河流
村部
学校
自然村
古迹

宝坪村全景（2017 年）　　陈达华　摄

宝坪人工培养的灵芝（2017 年）
陈达华　摄

宝坪山中野生松树菇（2017 年）　　陈达华　摄

宝坪村民散养的小山羊（2017 年）　　陈达华　摄

白果树下说古今（2017 年）　　陈达华　摄

采摘新茶（2017 年）　　陈达华　摄

状元桥（2015 年）　　江群　摄

表演非物质文化遗产剧目《罗汉除柳》（2017 年）　　陈达华　摄

赵文楷书匾　　祝厚林　摄

赵文楷千字文　　祝厚林　摄

赵昀书法　　祝厚林　摄

赵文楷出使琉球图　　祝厚林　摄

赵文楷对联　　祝厚林　摄

◉ 目录

状元故里醉春风

安徽省太湖县与湖北省英山县交界的大别山中，四周群山环抱之间，有一片平坦开阔的谷底盆地。这里就是宝坪村。

1984 年，经省、市、县考古工作者普查试掘取样分析，宝坪村的筏形组被认定为 4500 年前的古人类居住遗址，属于县级重点文物保护单位。“龙虎地，保驾山，狮象锁水口，日月把门关。二面钟鼓响，中间骆驼昂。”这首描写宝坪村赵家冲地形地貌的诗歌，证明了宝坪村是一块人杰地灵的风水宝地。

清嘉庆元年（1796），宝坪村走出了状元、翰林院编修赵文楷，嘉庆皇帝称赞他“文楷佳名期雅正，为霖渴望副求贤”。此后，他的子孙中，陆续出了 6 位进士，其中赵畇、赵继元、赵曾重为翰林，光绪皇帝曾御笔亲书“四代翰林”的墨漆金字巨匾。中华人民共和国成立后，赵氏一支依然文脉昌盛。

宝坪虽处于深山中，却并不闭塞。赵家冲马蹄铺是当地的三大古铺之一，明清时期，这里商贾众多，经济繁荣。赵文楷中状元后，更是给赵家冲马蹄铺带来商机，许多文人墨客到宝坪吟诗作对，流连忘返，一时名噪四方。

宝坪历来是兵家必争之地。清代时，有位姓夏的太平天国将领驻守在宝坪长岭高山上，后来这座山峰就叫作“夏家寨”，从夏家寨发源的一条河叫“夏家河”。1948 年 8 月，中共皖西一分区部队与国民党军队在长岭交战，双方伤亡惨重。

夏家寨山脚下有两栋古色古香、雕梁画栋的徽派建筑，一座曰“爱吾庐”，一座曰“花屋”。两栋徽派建筑都建于清咸丰年间（1851—1861）。随着岁月的逝去，“花屋”已经垮塌；“爱吾庐”犹如风烛残年的老人，仍在守望着昔日的辉煌。

历尽沧桑看宝坪。宝坪状元文化的烙印一代代地镌刻在宝坪人的灵魂深处，穷不丢书、耕读传家的观念，让宝坪人特别重视子女的文化教育。恢复高考后，宝坪相继走出博士研究生 10 人、硕士研究生 27 人、本科大学生 214 人。

宝坪村的人文根脉，无疑是从赵文楷开始，但宝坪村的缘起，却要比这更早更远。赵文楷所在的赵氏一脉，其始祖赵雄一，是元代中叶自江右迁移至此，耕读传家，繁衍不息。随后吴氏、江氏、李氏、余氏、毕氏、彭氏、祝氏、王氏、张氏等也迁徙而至，开荒种地，栖身定居。

宝坪村是太湖县的文化之乡，乡土文化丰富，地方特色浓郁，蕴藏着大量民间文艺和技艺，如民间歌谣、民间乐器、民间楹联，这些来自老百姓代代相传的作品，原汁原味，带着泥土芳香，富有想象力和感染力，成为宝坪生态文化的重要组成部分。植根当地、世代相传的舞蹈《罗汉除柳》，俗称“赶柳”，歌颂真、善、美，鞭挞假、恶、丑，也表现了人们追求平安和谐、欢乐祥和的愿望，在1957年安徽省第一届民间音乐舞蹈会演中获得“表演奖”。同年还被选调参加全国第二届民间音乐舞蹈会演，全体演员受到周恩来、朱德等党和国家领导人的接见。音乐舞蹈剧《罗汉除柳》被安徽省群艺馆收入由安徽人民出版社出版发行的《安徽省第一届民间音乐舞蹈会演·舞蹈选集》。2000年，被收入《中华舞蹈志·安徽卷》，作为全国艺术科学“九五”规划重点项目。

宝坪村民间传说故事很多，大多是以清代状元赵文楷的事迹为题材而流传于民间。这些民间传说故事，生动传神，许多被收入《太湖县民间传说故事集》。

宝坪村民间流行许多民歌（山歌）、民谣，内容十分丰富。这些民歌、民谣大多反映爱情生活、农村生活或喜庆活动。它是民间艺人即兴编唱的文艺作品，歌词朴实生动，原汁原味，具有浓郁的生活气息。如《采茶歌》《太阳为何不早起》《红色歌谣》《十爱姐》《十劝妻》等作品都深受老百姓欢迎。

宝坪古村民风淳朴，有一套礼仪习俗、节庆习俗、生产习俗、生活习俗，这些传统

古村落（2017年）

民俗与时俱进，融入现代时尚。其中“宝坪婚礼”保留了太湖县北中地区最为完备、周详的婚礼习俗。

古今许多诗人、作家吟咏描摹宝坪，留下许多文艺佳作。如明代赵璧、赵象贤，清代赵文楷、赵文元、赵文灼、赵昀、赵孟儒、赵继元、王梦兰、赵继馨、赵继兰、赵曾重，民国时期赵秉文、赵荣文、赵福儒等。宝坪教育名家张逢辰的报告文学《来自状元故乡的报告》，充分展现出宝坪的古今风貌，展现了乡土文化特色。太湖县李传林写作的《平民状元赵文楷》展现了赵文楷一生的传奇经历，揭示了赵文楷平民状元的精神内涵。

宝坪地接吴头楚尾之气，文承状元文化之魂，民受繁荣盛世之恩。明清时期，宝坪曾取名“杏花村”，赵文楷曾引前人诗句称赞故乡：“金勒马嘶芳草地，玉楼人醉杏花天。”

“春风桃李花开日，正是宝坪发展时”。宝坪人民秉承天道健行之盛世，依托地势厚德之环境，用智慧和勤劳的双手必将创造出更新更美的画图！

陈达华　摄

绿树清溪（2015 年）　　江群　摄

基本村情

宝坪村是一个典型的山区农村。宝坪，历史悠久，底蕴丰厚，从省、市、县考古普查试掘取样分析，这里是古人类居住的遗址。宝坪，四季分明，气候宜人；宝坪，物华天宝，资源丰富；宝坪，姓氏众多，相处融洽。改革开放以来，宝坪村村民凭借自己的智慧与勤劳的双手，以昂扬的斗志，描绘宝坪最新、最美的画图。如今，这里山清水秀，生态优美；这里经济繁荣，社会稳定；这里人民和谐，安居乐业。

◉ 建置沿革

历史沿革 唐、虞、夏、商属扬州；周属扬州皖国；春秋先属吴后属楚，战国属楚；汉初废郡为国，属淮南国；汉文帝十六年（前164）分淮南国，立庐江、衡山二郡，望天宝坪属庐江郡，武帝时改属扬州刺史部。东汉属扬州庐江郡，三国时期先属魏后属吴；晋属扬州安丰郡；东晋安帝撤庐江郡为怀宁、太湖左县等5个县，望天宝坪属太湖左县。南北朝属南豫州晋熙郡；隋属晋熙县，开皇十八年（598）复属太湖县，后又属同安郡。唐初属淮南道舒州太湖县，武德四年（621）属荆阳县，武德八年（625）复属太湖县。宋属淮南西舒州太湖县，政和五年（1115）改舒州为德庆军。宋绍兴十七年（1147）改德庆军为安庆军，庆元元年（1195）为安庆府，望天宝坪属安庆府太湖县。元属淮西江北通安庆路太湖县；明先属宁江府太湖县，后复安庆府太湖县。明清时期，宝坪村属江南省安庆府太湖县景宁乡管理，叫杏花村。

1912—1922年，宝坪属北中区玉望保管理。1936年3月，全县4个区40乡，宝坪属4区玉望乡管理。1940年，全县设3区31乡，275保3240甲，宝坪属弥陀区玉望乡管理。1941年5月，全县划为20个乡，望天属玉望乡，宝坪归玉望乡管理。

1949年3月，全县设7个区31个乡，宝坪属虎丘区玉望乡管理；12月，全县设7个区92个乡2个镇668个村，设宝坪村、海螺村，属虎丘区望天乡。1950年，将杏花村、玉望村、隘口村分别设为望天乡、花桥乡、隘口乡，宝坪、海螺属望天乡。1957—2004年，宝坪、海螺各为一村（或大队），隶属北中区望天乡管理。2004年，撤乡并镇，撤望天乡，并入北中镇。2005年，撤村并村，宝坪村、海螺村合并为一村，村名宝坪村，村址在原文楷小学。

村落形成 根据地名、墓碑、遗迹考证及民间传说，宝坪村夏家冲在唐宋时就有人居住，但没有形成村落。有姓氏邓、孟、徐、杨等姓，长岭有郭姓居住过。上述姓氏有的在清代中叶迁往他地，有的因自然淘汰，慢慢消亡。

例如，邓姓、孟姓、杨姓、郭姓是迁往他地，徐姓原居住在宝坪村河边组，后来居住者慢慢减少直至消失。宝坪村河边组对面，原来有个孟西组，因为孟姓住在河的西边，所以叫“孟西”。至今还有孟姓居住时的石头门框立在那里。

长岭郭姓居住的遗址还在。

元末明初，有姓氏因避战乱，迁居此地。明洪武年间（1368—1398），实行移民政策，大批百姓从江南迁往江北，宝坪因而迁入许多姓氏，人口逐渐增多，各姓氏聚居便形成村落，如赵家冲等。宝坪隶属江南省安庆府太湖县景宁乡，叫杏花村。至清乾隆年间（1736—1795），宝坪仍称“杏花村”。望天赵家冲原来有两座山，一座叫宝山，一座叫坪山。1949 年，设村取村名，人们便把宝山和坪山两座山各取一字，“宝”和“坪”两字，称“宝坪村”。2005 年，海螺村全境并入宝坪村。

宝坪村位于安徽省太湖县西北部，大别山区南麓，地处湖北、安徽两省交界处，位于北纬 30° 51′、东经 115° 52′，北边与望天村的黄柏、上桥组交界，东部与马嘶村接壤，西部与湖北省英山县杨柳湾镇毗邻，南部与玉珠的上墨及天坪相邻。整个宝坪村呈目字形。宝坪村东西相距 6 千米，南北相距 4 千米，总面积 8.5 平方千米，其中耕地面积 2979.97 亩，山场面积 11030 亩。距镇政府 16 千米，距太湖县城 120 千米。

链接 1：海螺村来历

夏家寨南北走向有一支山脉，地形似一只海螺。海螺背脊上有一块平地，因此，人们把它叫作海螺坪。解放初，望天乡设有海螺村、长岭村（当时的长

宝坪风光（2016 年）　　江群　摄

岭村含河边、孟西，长岭、田垅坳、堪家河。1955 年，长岭村并入海螺村，其中田垅坳、堪家河划归玉珠乡天坪村管辖）。“文化大革命”时期，海螺村更名为“全胜大队”，1984 年又恢复为海螺村。海螺村并入宝坪村时，人口为 1366 人，360 户，总面积 4 平方千米，其中山场面积 5475 亩，耕地面积 815 亩。海螺村主要种植水稻，经济作物有茶叶、板栗、油茶。古建筑有“爱吾庐”、“花屋”（已拆毁）。古树有古枫树、古樟树、古槠树，这些古树树龄都在 100 年以上，有的长达 200 多年。

自然村简介

宝坪村下辖网形、大屋、中心、筏形、凤形、桃园、枣树岭、炭湾、河边、三星、花屋、羊湾、旺林、椅形、和平、三合 16 个村民小组。

网形　处于村委会的东方，离村委会 1 千米。网形的来历因地形而得名，网形居屋后有一道弯弯的山冈，山冈中间有一山峰像人形，山峰朝南又伸出一条子冈，子冈两边是圆圆的田畈，根据其地形，人们把它叫做“仙人撒网”，网形由此而得名。网形占地面积 760 亩，耕地面积 182.85 亩。人口 144 人，其中男 80 人、女 64 人，41 户。本科以上大学生 10 人，其中硕士生 1 人。以水稻为主要粮食，种植面积广；经济作物主要有茶叶、毛竹等。

网形新村面貌（2015 年）　　江群　摄

新村新貌（2017 年） 陈达华 摄

大屋 处于村委会的东方，离村委会 1 千米。大屋的来历因地名而得名。状元桥下侧田畈上是大屋场，居住着上百户人家，“大屋”因此而得名。“农业学大寨”期间，大兴移屋造田，大屋的房子全部拆除，屋场被改造成良田，农户的房子都移建在半山腰上。大屋占地面积 1050 亩，耕地面积 232.28 亩。人口 238 人，其中男 131 人、女 107 人，64 户。本科以上大学生 17 人，其中硕士生 4 人。大屋组的主要粮食作物是水稻，经济作物有茶叶、毛竹。

中心 处于村委会的东北方向，离村委会 0.5 千米，因位于宝坪村中心位置而得名。中心组占地面积 1060 亩，耕地面积 245.72 亩。人口 250 人，其中男 137 人、女 113 人，64 户。本科以上大学生 10 人，其中硕士生 2 人。中心组的主要粮食作物是水稻，经济作物有茶叶、香枫。

筏形 处于村委会驻地，因屋场形如江中的竹筏而得名。筏形组占地面积 1020 亩，耕地面积 260.6 亩。人口 236 人，其中男 130 人、女 106 人，56 户。本科以上大学生 15 人，其中硕士生 2 人，博士生 1 人。主要粮食作物是水稻，经济作物以茶叶、板栗为主。

凤形 处于村委会西南方向，离村委会 1 千米。因地形酷似一只凤凰，故而得名。

中心风貌（2016 年）　　江群　摄

凤形组占地面积 860 亩，耕地面积 231.02 亩。人口 155 人，其中男 85 人、女 70 人，39 户。本科以上大学生 13 人，其中硕士生 1 人，博士生 1 人。筏形组的主要粮食作物是水稻，经济作物是茶叶、板栗。

桃园　处于村委会西南方向，离村委会 1.5 千米。据说很早以前，村内有一农户栽种了大片桃园，后以此而得名。桃园组占地面积 1050 亩，耕地面积 288.3 亩。人口 240 人，其中男 132 人、女 108 人，65 户。本科以上大学生 17 人，其中硕士生 3 人，博士生 2 人。桃园组的主要粮食作物是水稻，经济作物有茶叶、香枫、茯苓。

枣树岭　处于村委会西方，离村委会 2.5 千米，与湖北省英山杨柳交界。因交界岭头上的一棵大枣树而得名。枣树岭组占地面积 672 亩，耕地面积 86.53 亩。人口 35 人，其中男 19 人、女 16 人，9 户。枣树岭组的主要粮食作物是水稻，经济作物是茶叶。

炭湾　处于村委会西南方向，离村委会 1.8 千米，因多户烧炭而得名。炭湾组占地面积 560 亩，耕地面积 81.33 亩。人口 65 人，其中男 35 人、女 31 人，13 户。本科以上大学生 5 人，其中硕士生 1 人，博士生 1 人。炭湾组以水稻为主要粮食作物，经济作物是茶叶。

花屋新貌（2017 年） 陈达华 摄

河边 处于村委会西南方向，离村委会 2.5 千米，组内农户大多居住在山脚下的河边处。河边组占地面积 1080 亩，耕地面积 213.21 亩。人口 186 人，其中男 102 人、女 84 人，50 户。本科以上大学生 13 人，其中博士生 1 人。河边组的主要粮食作物是水稻，经济作物是茶叶。

三星 处于村委会正南方向，离村委会 2.5 千米。因三星拱月的地形而得名。三星组占地面积 890 亩，耕地面积 168.68 亩。人口 178 人，其中男 96 人、女 82 人，46 户。本科以上大学生 8 人，其中硕士生 2 人。三星组的主要粮食作物是水稻，经济作物是茶叶。

花屋 处于村委会正南方向，离村委会 2.5 千米。因清咸丰年间（1851—1861）赵氏家族曾建有雕梁画栋、徽派建筑的房屋（现已被拆毁）及爱吾庐而取名。花屋组占地面积 810 亩，耕地面积 172.12 亩。人口 190 人，其中男 106 人、女 84 人，43 户。本科以上大学生 7 人，其中硕士生 1 人。花屋组的主要粮食作物是水稻，经济作物是茶叶。

羊湾 处于村委会正南方向，离村委会 2.5 千米。羊湾本叫杨树湾，因为很早以前有一棵大杨树，人们把这个地方叫作“杨树湾”。后来人们省略中间一个树字，叫“杨

雨后村庄（2017 年）　　陈达华　摄

湾”。再后来，大队会计记账时随意用“羊”字代替“杨”字，一直沿用。羊湾组占地面积 840 亩，耕地面积 183.51 亩。人口 182 人，其中男 100 人、女 82 人，45 户。本科以上大学生 19 人，其中硕士生 2 人。羊湾组的主要粮食作物是水稻，经济作物是茶叶、香枫。

旺林　处于村委会正东南方向，离村委会 2.5 千米，因组内有座“旺林山”而得名。旺林组占地面积 890 亩，耕地面积 150.41 亩。人口 225 人，其中男 118 人、女 107 人，49 户。本科以上大学生 17 人，其中博士生 1 人。旺林组的主要粮食作物是水稻，经济作物是茶叶。

椅形　处于村委会东南方向，离村委会 3 千米，因地理形状像把椅子而得名。椅形组占地面积 880 亩，耕地面积 163.85 亩。人口 203 人，其中男 115 人、女 88 人，38 户。本科以上大学生 31 人，其中硕士生 6 人，博士生 1 人。椅形组的主要粮食作物是水稻，经济作物是茶叶。

和平　处于村委会东南方向，离村委会 2 千米。过去，屋场的前面是夏冲河和赵家冲两河交汇处，河面宽阔，枯水期河面呈现大片草坪，解放初成立生产小组时，就以

“河坪”为名，后来改名“和平”。和平组占地面积630亩，耕地面积115.71亩。人口136人，其中男78人、女58人，31户。本科以上大学生14人，其中硕士生1人。和平组的主要粮食作物是水稻，经济作物是茶叶。

三合　处于村委会东南方向，离村委会2千米。三合组占地面积850亩，耕地面积203.85亩。人口178人，其中男96人、女82人，46户。本科以上大学生13人，其中硕士生1人，博士生2人。三合组的主要粮食作物是水稻，经济作物是茶叶。

宝坪村地名一览表

表1

网形组	网形榜、大风、碉楼、油坊、网形畈、黄家囊、上下岭
大屋组	杨树湾、金丝岭、耳子排、学堂坪、椴树冲、百家嘴、木龙沟、百家嘴畈、榜上屋、钟形山、鼓形山、坪山、狮子头、蚕北冲、回龙告祖、七秀才、罗盘地、百家弄、李空河、枫树岭、斗笠尖、狗脚湾、桐梓湾、下边湾、扇子排、瞄儿岗、阳山、老虎洞、灌水嘴、黍榴湾、樟柏湾
中心组	骆驼卸宝、宝山、象形、黑石埂、大小垅、破树湾、鼓形、塘湾、羊角畈、腰磨畈、国下畈、阴边畈、上七斗、前头园、桥上畈、转棚桥、状元桥、老屋、新屋、河边屋
筏形组	朱湾、大杨湾、小杨湾、螺丝岗、上四斗、火烧排、金垅坳、筏形、竹林下、坎下、国下、狮峰尖、西边、栗树榜、马蹄下、麻地湾、茅屋、蛇形山、天鹅孵蛋、马蹄铺、双龙出洞
凤形组	老虎石、密松湾、双尖山、天荒岩、花石板、黄柏山、九耳坪、陈石岩、猫耳头、平农岗、徐家山、漆树沟、陶家冲、侧榜、正垅、六斗、露水湾、上河、一户、下三斗、皂壳坪、白树嘴、文楷故居、文楷小学、赵氏宗祠、宝坪花戏楼
桃园组	平头岗、竹林宕、茶树嘴、扇子排、下边宕、杉树湾、下家榜、老屋湾、朱家冲、大坪岗、椅子框、黑石头、二斗榜
枣树岭组	顶坡石、女人洞、百花洞、金鸡岭、枣树岭、楝树蔸、双尖山、枫树排、马鞍山、界岭、黑沟、水口、徐家山、电母石、上五斗、下五斗、稻场下、油细湾、庵基、茶地、上七斗、大路、半岭
炭湾组	长湾、狮子口、长湾沟、倒行垅、院子宕、花岩、阳排
河边组	大花屋、小花屋、菜园湾、葛藤湾、四斗、破屋嘴、屋背后、放牛庵、老虎洞、老虎口、石屋岗、歇调河、太阳嘴、牛背脊、椿树沟、大石王河、观音庙、壹圣寺、小沟、公母潭、铁门坎、星望月、龙头排、石头排、松树尖、下边湾、五斗、屋基河、石堰、石坎、一龙潭、河垅、老屋河、学堂、学堂山、金星挂角、打马坳、老鼠偷仓、龟形、凤形、狮形、口上屋
三星组	长岭、一大处、二打处、三打处、星星望月、棺材沟、猪排、田家寨、马鞍、犁头尖、乱石壳、毛狗洞、美女献丘、茶林湾、大鹿宕、窑嘴、木桥边、邓家湾、上河洲、徐家边、铜雀台、蓬莱岛、公母石、女字崖、桃花潭、母子潭
花屋组	大林寺、笠斗尖、夏家寨、黑沟、长宕、社堂河、上百垅、下百垅、花屋、对面山、蛇形岗、鸭公潭、上五斗、下五斗、五斗排、团山坡、八股、猫耳石、老虎洞、烧箕宕、爱吾楼
羊湾组	塘湾、坪山、畜林、茅屋宕、野猪棚、羊湾、余家湾、下边湾、上淌、羊湾垅、裤子裆、铁匠榜、大塘背后、下屋榜、大路外、下榜、茅屋垅、上屋垅、大林水库
旺林组	虎形山、旺林山、董家坡、界岭庵、大花坪、霍山尖、船形、鹅公凸、大石坎、爱丛林、岩脚下、杉树排、坳上、豇豆绳、海螺坪、铁铮上、沙林湾、水竹窠、李家沟、大竹水库
椅形组	椅形、乱石壳、老屋基、羊湾坪、毕家湾、李树沟、岩脚下、轿子石、团鱼嘴、烂泥边
和平组	虎形山、王家屋、银盘、仓基冲、八斗丘，羊角石、同济、杨家河、七斗堰、八斗堰
三合组	乌龙嘴、赵家排、大花坪、沙沟、杨家湾、郭家湾、柿子湾、后头湾、杨家河、七斗堰、八斗堰、乌龙嘴

◉ 自然环境

地貌 宝坪村位于大别山南麓，在地质构造上处于淮阳古大陆向南京凹陷地带。宝坪区域地势西南高，有夏家寨、缩头尖等山峰，西边以乌牛石、枣树岭为屏障，横亘在与湖北英山的分界线上。夏家寨、缩头尖两山相连，由夏家寨三道自南向北延伸的山脉，形成四山夹三冲局面。北边山脉呈西向东走向。山体内部镶嵌着三条冲，即赵家冲、夏家冲、余屋冲。

太湖境内地形是西北多山，东南丘陵。基本格局沿县界向中部长河及其支流倾斜，整个地势依次：中山、低山、丘陵、高岗地、平原、湖泊，呈阶梯下降。而宝坪村正处在中山区，绝对高度大于海拔 800 米，相对高度大于 750 米。境内有海拔 800 米以上山峰 2 座，即乌牛石、双尖山。

宝坪村境内，山山相连，逶迤起伏，连绵不绝。其中许多山跨两省，跨两村。

山石属于侵入岩，即北中岩体。有花岗岩、花岗闪长岩、二长花岗岩。经鉴定，其主要成分含褐帘石、磷灰石、锆石、磁铁矿、自然矿、萤石。其中，磁铁矿，含量高；自然矿、方铅矿、榴石、萤石，含量低；锆石遍及，晶形完好。

宝坪村土壤，据 1982 年土壤普查分析，宝坪村成土母质，以千枚岩为主，其次是辉绿岩及第四纪黏土，有 4 个土类，7 个亚类，19 个土属，56 个土种。水田土壤以黄沙泥为主，旱地土壤主要是薄层黄沙土，荒山林地土壤主要是林地薄层黄沙泥土。

山脉河流

宝坪村域山脉均系乌牛石山西北支脉和东西支脉。主要有乌牛石（926 米）、枣树岭、夏家寨（822 米）、双尖山（840 米）、虎形山、花岩山等。

乌牛石 位于宝坪村与天坪村接壤处，又是皖鄂两省太湖与英山两县的分水岭。山石如犀牛望月，故得名。主峰海拔 926 米，峻峭险陡，清泉飞瀑，珍禽异兽，种类纷繁。杂木丛生，土质肥沃。

乌牛石山脉（2015 年） 江群 摄

夏家寨山脉（2015 年）　　江群　摄

夏家寨　位于宝坪村与玉珠上墨村接壤处，海拔 822 米，中山主要由前震旦纪的变质岩系花岗麻岩组成。山地坡度陡峻，一般为 35 ～ 40 度，最陡达 70 度以上。

宝坪村主要河流有夏家冲河、赵家冲河、李家河。

夏家冲河　夏家冲河全长 7 千米，发源自乌牛石山，最后汇入马嘶的望天河。在宝坪境内全长 5 千米，流经堪家河、河边、三星、花屋、羊湾、三合、旺林、和平、网形等地。河面最宽处 60 米，最窄处 8 米。汛期最大流量 546 立方米 / 秒。河床落差为 260 米。

赵家冲河　自狮子头、蚂蝗沟、枣树岭发源，最后在网形与夏家冲河汇合，流入马嘶的望天河。赵家冲河全长 6 千米。在境内流经炭湾、桃园、筏形、中心、大屋、网形等地。河面最宽处 80 米，最窄处 10 米。汛期最大流量 546 立方米 / 秒。河床落差为 386 米。

李家河　自黄柏山鄂岭发源，汇入赵家冲河。李家河全长 5 千米，在宝坪境内全长 3 千米。在境内流经中心组，河面最宽处 80 米，最窄处 8 米。汛期最大流量 456 立方米 / 秒。河床落差为 250 米。

气候

宝坪村境内属北亚热带向中亚热带过渡的湿润季风气候区。宝坪村的气候特点是干湿冷暖，四季分明；冬冷夏热，春温多变，秋高气爽，雨水充沛，光照充足，无霜期长，季风显著。因夏季风交替迟早和强度变化不一，诱发天气变化剧烈，旱、涝和连阴雨、暴雨、寒潮强对流天气等多种灾害屡见发生。

宝坪村地处山区，与县内其他丘陵和平原地区气温差 3℃左右，农作物物候迟三五天。历年平均气温 16.3℃，最高年份 17.5℃，最低年份平均气温是 1988 年与 1989 年均为 15.2℃，冬季低温而无严寒，平均气温 5.2℃，极低温度 -7.9℃。春季温和，但升温快而不稳定，常剧升骤降。夏季温高而不酷热，平均气温 28℃，最高气温 36℃。略高于春温。气温最为宜人的是 3 月、4 月和 9 月、10 月的春秋两季。

春季（气象意义，下同） 4 月上旬偶有低于 5℃的“倒春寒”，俗称“拗春冷”。1998 年 3 月 21 日境内尚见飘雪。

夏季　出梅后的 7 月进入盛夏。升温幅度明显，月平均气温 28℃，是全年最热的月份。极高温度为 36℃，出现在 2003 年 8 月 1 日。初夏有一段集中降水期，称为“梅雨”季节，俗称“黄梅天”。常年出梅后有一段副亚热带高压控制的高温伏旱天气。8—9 月多台风，时有暴雨。

秋季　9 月上旬时有炎热天气出现，俗称“秋老虎”。随着副亚热带高压主体迅速南撤，经常出现“一场秋雨一场凉”的自然降温过程。

冬季　受大陆冷高压控制，在全年日最低气温低于 0℃的数日中，冬季占了 95% 左右。1 月是全年最冷时期，平均气温 4.3℃，极端最低气温 −7.9℃，出现在 1991 年 12 月 29 日。

链接 2：

根据自然规律和长期探索得来的经验，宝坪村农民习惯按农历二十四节气安排农事活动，即所谓“不误农时”，因此，宝坪村民间有许多农事谚语，如掌握嫁接时间的“惊蛰梨子，春分栗子”，掌握栽种时间的“二月清明不要忙，三月清明早下秧”“寒露油茶霜降麦”“清明前后，种瓜种豆”“木芒黑，百事种不得”“桃花冷，季花寒，桐子树开花保平安”“立夏前种棉，立夏后种豆”，等等。

土地资源　宝坪村总面积 8.5 平方千米。其中山场面积 11030 亩，占总面积的 86 %。2015 年年末，全村耕地面积 2979.97 亩，其中水田面积 1200 亩，旱地面积 415.95 亩。

矿产资源

宝坪村矿藏分金属矿、非金属矿两类。

金属矿　以铁沙为主，广泛出露的花岗片麻岩中，均可见磁铁矿颗粒，基岩分化后，沉淀富集于河床（夏家冲河、赵家冲河、李家河）沙砾中。曾以土法淘选冶炼生铁、方铁，作为浇铸、锻打铁制农具和铁制生活用具的主要材料。已淘汰。

非金属矿　以石灰石、蛭石、云母等非金属矿为主，因含量低而未开采。石灰石主要分布在乌牛石山脚下的嘲家河大峡谷中，有白云质灰岩，但未形成成熟期。成熟后可制水泥灰岩千万吨。蛭石俗称“狗屎金”，分布很广，一般呈鸡窝状或细脉状，产于各种片麻岩中，储藏量不多。云母仅分布于和平组的毕家岩。

水资源

中华人民共和国成立后，国家重视农业。宝坪村自力更生，艰苦奋斗，大力兴修水利。兴建大小水库7座、石砌堰和新建钢筋混凝土堰13处，大小水塘10口。宝坪所建水库一般都建在山沟或山脚下，水库边无人居住，水质无任何污染。

大林水库　坐落在羊湾组，大林寺前，坝高20米，坝长35米，蓄水量为3700立方米，灌溉面积120亩。

大竹水库　坐落在椅形组，坝高15米，坝长30米，蓄水量为3200立方米，灌溉面积130亩。

朱家冲水库　坐落在桃园组，坝高12米，坝长27米，蓄

险峰水库（2018年）

水量为 2400 立方米，灌溉面积 50 亩。

炭湾水库　坐落在炭湾组，坝高 14 米，坝长 25 米，蓄水量为 2800 立方米，灌溉面积 45 亩。

险峰水库　坐落在筏形组，坝高 25 米，坝长 27 米，蓄水量为 3300 立方米，灌溉面积 110 亩。

陈达华　摄

小朱湾水库 坐落在凤形组，坝高20米，坝长31米，蓄水量为4000立方米，灌溉面积200亩。

长岭水库 坐落在三星组，坝高17米，坝长32米，蓄水量为3500立方米，灌溉面积30亩。

2016年宝坪村大型河堰概况表

表2

重建时间	组名	堰名	结构	长（米）	宽（米）	高（米）	国家投资（万元）
2016	三合组	河龙堰	钢混	50	4	4.5	10
2016	羊湾组	羊湾堰	钢混	50	4	4.5	10
2015	中心组	李家河堰	石砌	80	5	5	—
2015	大屋组	状元桥堰	钢混	85	5	5	12
2015	桃园组	桃园堰	钢混	80	4.5	5	15
2015	河边组	河边堰	钢混	80	4	4.5	20
2015	羊湾组	大林堰	钢混	80	4	4.5	20
2016	大屋组	拦驼石堰	钢混	75	4	4.5	20
2016	筏形组	国下堰	钢混	70	4	4.5	20
2015	和平组	和平堰	钢混	70	4	4.5	20
2016	筏形组	茶树嘴堰	钢混	60	4	4.5	12
2016	中心组	蛤蟆墩堰	钢混	60	4	4.5	12
2016	三合组	三合堰	钢混	60	4	4.5	12

桃园堰（2015年） 江群 摄

状元桥堰（2015 年） 江群 摄

灌溉渠道（2015 年） 江群 摄

宝坪村水塘情况表

表 3

塘名	组别	面积（平方米）	容量（立方米）	备注
上塘	河边组	380	1000	—
中塘	三星组	380	1000	—
干塘	三星组	400	1200	无水
茅屋塘	羊湾组	660	2400	—
茅屋后塘	羊湾组	600	2200	—
上边湾塘	羊湾组	800	4000	—
下边湾小塘	羊湾组	400	1200	—
羊湾塘	羊湾组	500	1500	—
王屋塘	和平组	400	1200	—
仓基塘	和平组	500	1500	—

野生动植物资源

宝坪村山岳起伏，高山林立，山中动植物种类繁多。

动物 宝坪村野生动物：野山羊、野猪、刺猬、猪獾、狗獾、黄鼠狼、野兔、獐、野鸭、豪猪、斑鸠、松鼠、黄鼠狼、壁虎、山鸡、雁、野鸡、白鹭、燕子、八哥、猫头鹰、喜鹊、乌鸦、黄鹂、山雀、太平鸟、寿带、红嘴相思鸟、鹰、麻雀、白头翁、布谷

喜鹊

野山羊（2017 年）　　陈达华　摄

山果四月子（2017 年）　　陈达华　摄

鸟、画眉、啄木鸟、百灵鸟、鸽子、河翠、穿山甲、蟾蜍、鲤鱼、鲇鱼、鲫鱼、青鱼、草鱼、鲢鱼、泥鳅、虾、螺、鳝、蟹、鳖、龟、青蛙、蛇等。

植物　据林业部门调查，宝坪村境内有乔木、灌木、藤本、草本植物 80 科 186 属 1000 多个品种，大面积生长的有杉树、水杉、马尾松、雪松、毛竹、水竹、斑竹、孝竹、雷竹、香樟、枫香、枫杨、柳杨、柳树、苦楝、泡桐树、油桐树、木梓树、椿树、株青冈栎、小叶青冈栎、小叶栎、白栎、山槐、刺槐、榆树、杨树、石楠、桂花树、季树、油茶树、乌桕树、漆树、棕榈、板栗树、毛栗树、桃树、杏树、李树、梨树、恩桃树、柿树、枣树、枇杷树、桑树、橘树、芙蓉树、杜仲、石榴、山楂、银杏、茶花树、映山红、女贞、法国梧桐、茶树、刺柏、柏树、扁柏、千年矮、栀子树、望春花、广玉兰、白玉兰、檀树、野蔷薇、天竺、桦树、白杨、木槿、虎刺树等。

还有莲、菱、葛藤、猕猴桃、金樱子、小蒜、水芹、水菊、马齿苋、蕨、竹笋、橡栗子、野茶、棠梨、四月子、白果、柿、茅草菇、黄花菜、小竹笋、苦菜等。

草类有丝茅草、芭茅、竹节草、狗尾草、狼尾草、灯芯草、蒿草等。宝坪村药用植物：灵芝、茯苓、银耳、黑木耳、蘑菇、香菇、石耳、卷柏、钱苔、破茎松萝、蛇足石松、海金沙、石韦、银杏、马尾松、金钱松、杉木、侧柏、三尖杉、鱼腥草、麻楝、白榆、榔榆、楮树、大麻、桑、苎麻、华细辛、野荞麦、虎杖、水蓼、何首乌、羊蹄、荞麦、蓼蓝、土荆芥、土牛膝、刺苋、鸡冠花、川牛膝、空心莲子草、紫茉莉、商陆、半枝莲、土人参、芡实、威灵仙、山木通、芍药、牡丹、白头翁、木通、六角莲、五味子、辛荑、厚朴、樟树、乌药、山鸡椒杜仲、龙芽草、木瓜、野山楂、蛇莓、枇杷、石榴、梅樱桃、月季、玫瑰、金樱子、野葛、苦参、槐树、刺槐、山蚂蝗、酸橙、竹叶椒、野花椒、臭椿、楝、香椿、漆树、丝棉木、枣、爬山虎、木芙蓉、木槿、

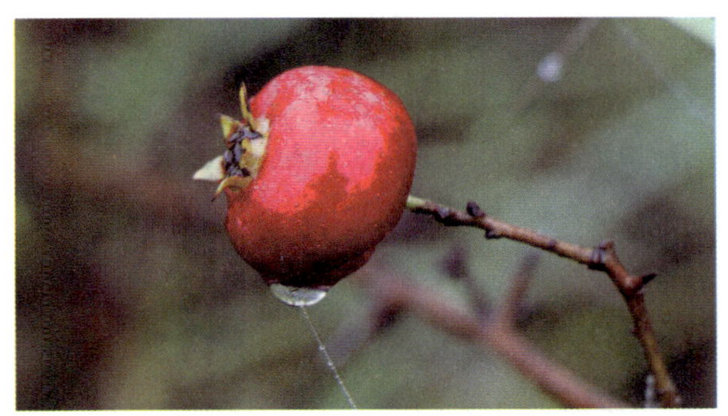

野山楂（2017 年） 陈达华 摄

梧桐、山芝麻、猕猴桃、油茶、山茶、红旱莲、蔓茎、野牡丹、海棠、菱、常青藤、柴胡、山茱萸、杜鹃、闹洋花、乌饭树、紫金牛、柿、女贞、桂花、空心菜、臭梧桐、黄荆、紫苏、活血丹、夏枯草、丹参、野芝麻、枸杞、玄参、车前草、水杨梅、虎刺、六月雪、瓜篓、半边莲、桔梗、黄花蒿、家艾、茵陈、苍术、白术、野菊花、兰草、土三七、一支黄花、蒲公英、薏苡、牛筋草、白茅、淡竹、叶芦苇、淡竹、苦竹、水蜈蚣、棕榈、水菖蒲、天南星、半夏、犁头尖、鸭跖草、鸭舌、小根蒜、天冬、麦冬、七叶一枝花、玉竹、吉祥草、万年青、土茯苓、山药、马兰、美人蕉、白芨、麦斛、天麻、石斛等。

◉ 区位交通

自然区位 宝坪村地处大别山南麓，位于安徽省太湖县西北边陲，处于北中镇西北部，东与北中镇马嘶村接壤，西部与湖北省英山县柳林河相邻，地处湖北、安徽两省太湖、英山两县交界，南部与北中镇莲花村（原玉珠乡上墨村）毗邻，北边与北中镇望天村的黄柏、艾岭、上桥相邻，村域面积 8.5 平方千米，村域内山山相连，河道纵横，是典型的山区。

交通区位 宝坪村隶属太湖县，位于皖鄂两省及太湖、岳西、英山、蕲春四县交界处。

陆路交通方便，与 211 省道、056 县道各相距 500 余米，距北中镇 15 千米、太湖县城 100 千米，到合肥、武汉、南昌分别 200 多千米车程。宝坪虽河道纵横，但河面落差大，且都是小河，水源不充足，因而没有形成水上交通。

经济区位 宝坪村的经济地理，主要是农、林、牧业等。宝坪村总体状况是山多田地少，可谓是“七分山三分田地”。宝坪的高山地域主要是杉树、松树、枫树和其他杂树。平缓山地以栽植油茶、绿茶为主，水田以种植水稻为主，旱田栽植绿茶。

◉ 人口

人口发展与变动 宝坪村有古人类居住遗址。唐宋时期有少数姓氏迁居，人数不详。明洪武年间（1368—1398）许多姓氏先后迁入，人口达到 200 多人。清朝末期，人口接近 1000 人。1949 年，320 户，1345 人。1957 年，340 户，1620 人。1963 年，354 户，1864 人。1975 年，380 户，2286 人。1990 年，658 户，2698 人。1995 年，660 户，2764 人。2001 年，668 户，2674 人（以上户数、人口数，是原宝坪村、海螺村合计数）。

2005—2015 年宝坪村人口发展与变动情况统计表

表 4　　单位：户、人

年度	户数	人数	出生	死亡	迁入	迁出
2005	672	2654	20	16	8	12
2006	679	2642	16	14	6	8
2007	684	2638	16	19	12	9
2008	689	2624	11	13	9	7
2009	692	2610	19	21	10	8
2010	715	2592	28	24	12	16
2011	726	2590	37	21	15	21
2012	726	2588	33	29	15	19
2013	726	2593	32	30	22	24
2014	726	2596	41	35	18	24
2015	726	2596	42	37	20	25

人口总量 1990 年，原宝坪村共 330 户，农业人口 1378 人。原海螺村共 328 户，农业人口 1320 人。

2001 年，原宝坪村共 336 户，农业人口 1364 人。原海螺村共 332 户，农业人口 1310 人。

2004 年年底，原海螺村共 334 户，农业人口 1321 人。2005 年，原海螺村并入宝坪村。宝坪村共 672 户，总人口 2674 人。

2011 年第六次全国人口普查统计，全村共 726 户，总人口共 2590 人（不含非农业人口），其中男 1426 人、女 1164 人，80 岁以上老年人 42 人，90 岁以上 3 人。

2015 年，宝坪村共 726 户，总人口 2596 人。其中男 1335 人、女 1261 人，80 岁以上老年人 56 人，90 岁以上 3 人。

2015 年宝坪村家庭户总数统计表

表 5　　单位：户

类别	户数	比重	类别	户数	比重
一代户	127	17%	三代户	214	30%
二代户	354	49%	四代户	31	4%

2015 年宝坪村年龄段人口情况统计表

表 6　　单位：人

年龄段	合计	男	女	年龄段	合计	男	女	年龄段	合计	男	女
合计	1350	686	664	合计	1067	569	498	合计	179	80	99
0 ～ 9	255	123	132	40 ～ 49	452	246	206	70 ～ 79	120	53	67
10 ～ 19	209	113	96	50 ～ 59	359	188	171	80 ～ 89	56	26	30
20 ～ 29	538	273	265	60 ～ 69	256	135	121	90 以上	3	1	2
30 ～ 39	348	177	171								

人口结构

民族结构　人口中以汉族为主，少数民族 4 人，其中回族 1 人、苗族 1 人、布依族 1 人、土家族 1 人。

文化结构　中华人民共和国成立以来，政府十分重视提高人口文化水平。中华人民共和国成立初期，大办民办学校。1957 年，大力开展扫除文盲运动。1985 年，大力普及初等义务教育。1995 年，全面开展“两基”，即基本扫除青壮年文盲，基本普及九年制义务教育，大大提高了人口文化水平。

2015 年宝坪村文化程度情况一览表

表 7　　单位：人

文化程度	人数	占总人口比例	备注
文盲、半文盲	220	8.5%	—
小学	645	24.8%	—
初中	1126	43.4%	—

文艺表演（2018 年）　　陈达华　摄

续表 7

文化程度	人数	占总人口比例	备注
高中	184	7.1%	含中专、职高
大专	165	6.4%	—
本科	219	8.4%	—
硕士	27	1.0%	—
博士	10	0.4%	—

姓氏 宝坪村村民都是以姓氏形成大杂居，小集居。各姓之间相互团结，没有以大欺小，以多欺少的行为。每逢红白喜事，办酒饭之时，大姓总是把人口少的姓氏当作客人、朋友、亲戚一样对待，邻里之间，亲如兄弟。

宝坪村常居户的姓氏有王、冯、江、毕、伍、吴、余、李、张、周、赵、祝、彭、胡、徐、彭、舒、靳、蔡等（按姓氏笔画排列）。

王姓 29 人，冯姓 5 人，江姓 164 人，毕姓 127 人，伍姓 8 人，吴姓 383 人，余姓 334 人，李姓 121 人，张姓 68 人，周姓 2 人，赵姓 1581 人，祝姓 63 人，胡姓 9 人，徐姓 3 人，黄姓 5 人，彭姓 72 人，舒姓 9 人，蕲姓 4 人，蔡姓 4 人。①

◉ 村域经济

宝坪村自古以来，以粮食生产为主要农耕经济。改革开放后，由单一的农耕经济逐步走向多元化经济结构，种植业、养殖业、商业等各种行业都有较快发展。

生产总值 2014 年，宝坪村生产总值 4500 万元，其中第一产业 1200 万元，第二产

① 其中 395 人为商品粮户口。

业 2500 万元，第三产业 800 万元，一、二、三产业结构比 27∶55∶18。村民人均可支配收入 13000 多元，同比增长 9.5%，农民人均收入 6500 元。太湖县 1745 个村、两个居委会，宝坪村处于第 65 位。

经济收入结构 宝坪村经济收入结构，主要是三个方面：一是务工经济，务工经济占经济总收入的 2/3；二是农业经济，农业经济含粮食作物和支柱产业（茶叶、板栗、油茶、茯苓等，其中茶叶为主导产业），农业经济占经济总收入的 1/6；三是商贸经济与服务业。

经济支出 宝坪村经济支出情况：教育支出占 16%，医疗支出占 16%，农业生产成本支出占 6%，基础设施支出占 26%，生活支出占 20%，消费品支出占 11%，其他支出占 5%。

农业 宝坪村农业生产主要包括种植、饲养、手工业三个方面。宝坪农业历来以种植业为主。21 世纪初，部分农户放弃传统小而杂的生产习惯，种植、养殖、加工业逐步走向专业化。80 年代，随着农村科技成果推广，杂交水稻、优质稻以及高产、抗病耐病麦、油茶新品种逐渐淘汰旧品种，茶叶、板栗、油茶、灵芝、茯苓等经济作物呈现规模化。2000 年后，宝坪出现专业户。宝坪大量引进国内外新技术，鸡、鸭、猪、和肉用牛实行人工配种，逐步走向专业化、规模化。宝坪收购艺人恃一技之长者，主要为独立营生。80 年代后，传统手工业逐渐减少，代之以新行业。新行业技艺的掌握与传承，主要是通过专业技校培训。机械加工行业和领域不断增加和扩大，机械也不断增加。

传统收割水稻（2016 年） 江群 摄

油茶田间管理（2015 年） 江群 摄

实行家庭联产承包责任制后，以家庭为单位组织生产，各农户独立自主经营承包土地，农民更加注重选择优良品种，注重学习新的栽培技术，在农业科技人员帮助下，稀播壮秧、旱育抛秧、化学调控病虫防治等新技术为农民接受并得到普及。

养殖业 农村一句名言：“富莫丢猪，穷莫丢书。”宝坪村家家户户饲养生猪早已成为一种传统习惯，这对于促进农业生产发展以及增加农民副业收入曾经发挥过重要作用。而鸡、鸭、鹅、猪等家禽、家畜，则主要是散养，一半放在野外靠天养，一半依赖人工饲养。村民把山芋、山芋叶、萝卜、萝卜缨、野草剁碎，用锅炆熟，喂养牲畜。该饲养方式既保护了生态环境，又生产了味道鲜美的绿色肉食品。

随着许多青壮年外出打工，只有老少留守家庭，各家各户分散饲养禽畜数量逐年减少，出现了养殖大户。至 2014 年，宝坪有洋湾组赵福晋、大屋组赵文进、三星组江新扬等几个大的养猪户。基本投资都在十几万元，标准化养殖，饲养生猪 1000 多头。

商贸 改革开放后，个体经营百货店、小卖部、缝纫铺、理发店、修理铺、小吃店、旅馆、个体运输、五金专卖店、个体屠宰店、药材收购站等如雨后春笋，发展迅

农家散养土鸡（2017 年） 陈达华 摄

农家散养黑土猪（2017 年） 陈达华 摄

品种齐全的百货（2016 年） 江群 摄

长岭养殖场（2015 年） 江群 摄

速，有力地促进了宝坪经济的发展，激活了农村市场的经济繁荣。

宝坪村经营商贸情况一览表

表 8　　　　　　　　　　　　　　　　单位：万元

姓名	组别	经营范围	投资金额	经营时间
赵福东	花屋	零售百货	14	1998 年
余满方	筏形	零售百货	15	1996 年
胡金平	桃园	零售百货	14	1998 年
赵周朋	大屋	零售百货	15	1997 年
吴双芹	大屋	零售百货	12	2000 年
吴礼春	网形	零售百货	13	2008 年
赵风琴	三星	零售百货	12	2005 年
赵小松	河边	零售百货	14	2007 年
吴彩霞	三合	零售百货	15	1999 年
王义成	和平	零售百货	13	1996 年
吴礼华	筏形	零售百货	16	1998 年
赵宗华	中心	五金专卖	20	1997 年
吴红芳	筏形	服装店	20	1997 年
赵志明	羊湾	电器专卖	40	1996 年
赵福东	花屋	销售肉食品	4	2011 年
吴承东	羊湾	零售百货	15	2006 年
赵全球	中心	销售卤菜	20	1994 年
赵礼满	中心	摩托修理	30	1991 年
赵夕友	河边	畜牧兽医	2	1980 年
李金满	三合	房屋建材	60	1998 年
吴承阳	旺林	餐馆住宿	50	2000 年
赵福焱	桃园	早餐店	5	2010 年
赵六三	椅形	打字复印	0.2	2006 年
江卫春	三星	手机专卖	12	2008 年
毕长华	椅形	手机专卖	8	2006 年
赵先礼	筏形	零售百货	50	2005 年
吴承阳	旺林	汽车客运	15	2000 年
吴承东	羊湾	汽车客运	13	2000 年

百年古柳（2015 年）　　江群　摄

生态宝坪

宝坪，这一方热土，界楚根吴角，峰作屏而江作带；凭天造地设，林为海而云为乡。

改革开放以来,宝坪人民用智慧和勤劳的双手创造了美好家园。如今，宝坪人民做主，大地开颜；群山环绕，山清水秀；物产丰富，经济繁荣；林木荫翳，生态亮丽；新村建设，稳步推进；民风淳朴，社会和谐。人们置身于宝坪，到处莺歌燕舞，鸟语花香。

生态林地（2016 年）　　江群　摄

◉ 生态环保建设

中华人民共和国成立以来，宝坪村对环保工作从不重视到重视，全村环境状况从局部污染到全面治理，改善明显。

90 年代初，宝坪村开始生态建设。

1995—2010 年，宝坪村“两委”（支委、村委）先后编制《宝坪村生态农业建设实施方案》（以下简称《方案》）。《方案》由太湖县规划局、宝坪“两委”合作编制，规划时段为 1996—2016 年，规划的主题是生态农业建设。

生态环境保护

搬迁、关闭污染企业　1949—1984 年，宝坪村以农业为主，境内只有一家油料加工厂、一家木材加工厂。环境保护仅限于荒山绿化。1984—1991 年，先后兴办砖瓦厂、油料加工厂、木材加工厂、鞭炮厂、茶叶加工厂。砖瓦厂因制砖制瓦，丧失大片泥土，使土地贫瘠，烧砖烟囱排放大量烟雾，污染空气，到处都是废弃砖头；木材加工厂、鞭炮厂的废弃物、污水排放到河里或田野里，造成严重污染。环境污染不断加剧，环保形势严峻。1991—2006 年，宝坪村与县政府、镇政府及环保部门紧密配合，加大执法力度，于 1998 年关闭了砖瓦厂、2006 年年底关闭了鞭炮厂和木材加工厂，环境质量逐步好转。

2008 年，宝坪村先后实施中共太湖县委、县政府提出的打造“生态农业”和“生态太湖”战略，积极配合县、镇有关职能部门，以植树造林、恢复森林植被为突破口，坚持抓森林生态保护，生物多样性保护，农业生态环境保护，村组环境监测与治理。建设生态宝坪，营造山清水秀、鸟语花香的优美环境，促进人与自然的和谐，为全村经济社会可持续发展创造条件。

退耕还林　2002 年，宝坪村开始按照国家政策退耕还林，凡坡度在 16 度以上耕地和荒山坡均可退耕还林。对已退耕还林者，国家每年每亩给予农户 20 元补助。2002—2006 年，全村退耕还林总面积 3013 亩。

改革开放后，大量人员外出打工，在家人员烧液化气，再也不用上山砍柴，加之封山育林，禁止乱砍滥伐，这样大面积营造了生态公益林。2015 年，宝坪村生态公益林面积 4379.3 亩，保护了生态环境。

2002—2006 年宝坪村退耕还林一览表

表 9　　　　单位：亩

年份	总面积	退耕还林面积	荒山造林面积
2002	1862	841	1021
2003	2456	1224	1232
2004	4624	824	3800
2005	864	124	720
2006	648	—	648
合计	10444	3013	7431

荒山造林　宝坪村地处大别山南麓，崇山峻岭。清末民国初期，村内古木参天，樟、松、柏、枫、柳、栎郁郁葱葱，遮天蔽日。马蹄铺今存古柳一棵，树龄 200 多年。花屋今存小叶栎一棵，树龄约 250 年。旺林今存古枫三棵，树龄都在 200 年左右。1958 年，大炼钢铁，大批古树被砍掉烧炭，森林遭到人为的严重破坏。

60 年代，政府十分重视林业生产，号召植树造林，保护森林。但是没有引起群众的重视，虽年年植树，但仍不见森林。70 年代末，部分群众，只顾眼前利益，不顾长远生态效益，乱砍滥伐，致使森林面积减少，造成野生动植物品种和数量减少以及水土流失。水库、塘堰泥沙淤积，防洪抗旱功能减弱。

1978年中共十一届三中全会后，宝坪推行林业“三定”政策，即稳定山林权，划定自留山，确定林业生产承包责任制。70%的山林由农户家庭承包经营，森林植被逐渐恢复。2005年并村起，宝坪境内封山育林，实行三年禁伐，严禁一切林木采伐活动。到2015年，全村杉树面积2280亩，马尾松面积380亩，枫树面积820亩，灌木林面积1050亩，毛竹面积1278亩，茶叶面积2800亩，油茶面积1100亩，板栗种植面积150亩，退耕还林面积326.5亩，落实责任保护生态公益林4379.3亩，森林覆盖率达75.8%。

植树造林 根据太湖县土壤普查资料记载，宝坪林地土壤成土母质类型繁多，土壤多为页岩、砾岩、石灰岩和玄武岩发育而成的黄棕壤，呈微酸性和中性。乌牛石北坡山麓山谷、枣树岭及夏家寨山脉至虎形山，土壤深厚，疏松肥沃，空气湿度大，适宜杉树、枫树、松树生长。从炭湾至骆驼卸宝，李家河至网形，属丘陵地带，光照条件好，养分丰富，通气性好，是发展板栗、油茶、茶叶、毛竹等林木的理想场所。

中华人民共和国成立前，多数农户习惯在宅前屋后、池畔、园角、篱边种植板栗树、桃树、李树、杏树等以美化环境。山上松、柏、栎、檀全系飞籽成林，自然生长。

成片造林 中华人民共和国成立初期，以私营造林为主，各家各户在自留山上造林，面积很少。50年代中期，实行农业合作化。以农户合作造林的形式为主；60年代以大队办林场，组织专业班子造林和生产队集体造林为主。原宝坪大队创办了枣树岭林场，原海螺大队创办了乌牛石林场；70年代，继续发展社队林场，大力发展以油茶

花屋桃树林（2016年） 江群 摄

为主的经济林。1971—1975 年，当时区委的口号是“现有森林全死封，停垦还林栽杉松，三年消灭荒山地，五年绿化树成林”。全村封山育林 2000 亩，停垦还林 800 亩，挖槽打凼补植造林 500 亩，共计 3300 亩，其中用材林 1200 亩，经济林 1100 亩，其他林 1000 亩。

1981 年林业“三定”以后，造林形式根据山林权属而定，村民组集体的荒山由集体统一造林，农户的责任山由农户自行造林。

1983—1984 年，大力支持和发展林业“专业户”“重点户”，对积极绿化责任山、自留山的造林大户实行奖励政策，造林大部分以杉树为主。

1986 年以后，又以消灭荒山、芭茅山为主，大力发展杉树，面积 500 余亩。

1988—1992 年是以消灭荒山为主，发展以杉树、马尾松为主的用材林，以板栗为主的经济林。

林业二次创业是以扶贫发展为主，争取世行贷款、德援项目造林，实施退耕还林，划分国家公益林、商品林等，主要营造以板栗为主的经济林。从 1995 年开始实施世行贷款第二期项目，当年实施 600 亩杉木和马尾松。1998 年始，实施世行贷款三期项目，以造林和培育为主，造林 255 亩，主要发展板栗项目。2000 年继续实施世行贷款第四期项目，发展板栗 450 亩和杉树抚育、毛竹垦复。

在林业二次创业中，发展和培育马尾松 450 亩、杉木 250 亩、国外松 50 亩、板栗 80 亩。新建林片 540 亩，其中杉树 300 亩，板栗 40 亩，松 200 亩。

2000 年和 2001 年又以改造次生林，退耕还林，建立生态林为主，大面积发展林地。

马尾松造林　50 年代以前，宝坪人无栽培习惯，多系飞籽成林。人工成片造林始于 1968 年。造林方式有两种：一种是人工栽培树苗，一种是飞机撒播树种。由于管理不善，牛羊践踏，成林率不高。马尾松造林保存较好的是枣树岭、炭湾、凤形、花屋、毕家岩等地基地面积 300 多亩。1998 年以后，宝坪村严格执行采伐审批制度，严禁乱砍滥伐，到 2015 年，全村马尾松林地面积 380 亩。

杉树造林　解放前，宝坪境内有零星种植。60 年代开始大、小片栽培，总面积 2000 余亩。大片林地主要是原宝坪大队创办的枣树岭林场，原海螺大队创办的乌牛石林场，总面积 860 亩，至今保存完好，其间可伐利用 200 亩。80 年代，有村民在自家的自留山上，或自留地边，或屋前屋后栽植少量杉树。

枫树造林　解放前，宝坪境内有许多枫树，大多几十年甚至两百年树龄。1958 年大炼钢铁，大批枫树被砍掉烧炭，大枫树所剩无几。80 年代，宝坪村成片栽植枫树，面积 150 多亩。现在枫树片已成林，一般株高五六米，胸径 20 厘米。

油茶造林　解放前后，油茶属自然生长植物，无栽培习惯。油茶籽可以加工成为食用油。茶籽油有清心润肺，延年益寿之作用。80—90 年代，宝坪村大力发展经济林，引进油茶新品种，林地有枣树岭、竹园、炭湾、长岭、夏家寨、毕家岩、里公河等地。总面积 1100 亩。年产茶籽 1 万多千克，产值 8 万元。

板栗树造林　板栗树系宝坪乡土树种，历史上即有栽培，每个村落屋前屋后，山根地角都有板栗树，大多是油栗，小个，产量不高。大量栽植板栗树始于 80 年代中期，板栗育苗造林，有旺林、花屋、河边、三合、竹园、枣树岭、凤形、大屋、网形等组，营造板栗树林地 600 多亩，

茶叶造林　宝坪历史上就有种植茶叶的习惯，但产量不高，家家户户都有或多或少的茶叶。60 年代各大队都创办了茶场。90 年代后期，太湖县委、县政府作出《关于调整农业产业结构的决定》。宝坪村广大群众积极响应，大力发展茶叶种植，每户都有两三亩，最多的农户有十几亩。全村茶叶种植面积达 2800 亩。

森林生态保护

中华人民共和国成立后，宝坪十分重视发展林业，植树造林，保护森林。60 年代，原宝坪大队创办了枣树岭林场 1980 亩，长湾林场 1780 亩。原海螺大队创办了乌牛石林场 860 亩。实行造林护林，每年完成油茶、杉、毛竹造林任务 16008 亩。同时，巡山护林，杜绝以前年年发生山火的情况。70 年代，推行发展经济林，但违背适地适树的科学原则，走了一些弯路。

宝坪长期开展四旁植树、退耕还林和植树造林，积极保护森林生态系统。1985 年植树节，共植树 1650 株。2014 年全村四旁植树 2380 株。2002 年，宝坪开始按照国家政策退耕还林。2001—2003 年，全村退耕还林 2065 亩，造林树种主要有杉树、枫树、板栗树、油茶树、毛竹、杜仲等。

森林资源　宝坪村山地山林面积 11C30 亩，占全村总面积的 86%。根据 1985 年林业普查资料记载，全村林业用地面积 10256.5 亩，其中有林地 3860 亩。林地中，有用材林 1074.15 亩，经济林 120 亩，经济林占全乡经济林 2400 亩的 5%。森林积蓄量 1688.9 立方米，森林覆盖率为 65%。1998 年太湖县开展土地调查，原宝坪、海螺两村林业用地面积 10858.5 亩，其中有林地 4379.3 亩，疏林地 1324 亩，灌木林地 3055.3 亩，森林

积蓄量 1896.4 立方米，森林覆盖率为 70%。2015 年，全村林业用地面积 18200.5 亩（含四旁植树），活立木积蓄量 2864.5 立方米，森林覆盖率为 75.8%。

生物多样性保护

野生植物保护 1997 年 1 月 1 日起《中华人民共和国野生植物保护条例》实施，宝坪村依照国家法律法规保护国家级、省级野生植物资源。宝坪村古树种类繁多，其中有名的有以下几种：

古樟树 宝坪村大林组江河清户屋内包着一棵古樟树，约 300 年以上，树高 30 米以上，胸围 3.5 米，直径约 1 米，冠幅达 100 平方米以上。曾有人见此情景，顿出诗兴，便写了一首诗赞曰："古树屋中出，香樟愿社寒，撑天擎巨伞，匝地布垂帘；绿树因裙合，红房抱柱坚；阁楼穿故道，造化赖民贤。"并将屋抱树的情景拍摄了一幅照片，作为留念，感叹这人树相依的奇景。

古柳树 生长在宝坪村中心组，状元桥以北 160 米处的卷棚桥头路。相传，柳树下有一户人家，很穷，没有衣架，将浣洗的衣服和手巾搭在树枝上晾晒，有人看见赵文楷从树下经过时，晾晒的东西全部飞到树顶上的另一边去了。至今这棵树还在桥边张伞罩桥，摇曳多姿。柳树年龄已 220 年以上，树高 50 米以上，躯干约在 30 米处开杈，形成"Y"形字母一样的树。有时从树下经过，树枝像招手似地摆动着。2012 年太湖县人民政府挂牌，属于国家三级保护树种。

古枫树 位于宝坪村旺林组养鹭山一带，因有三株百年以上树岭的古枫树，成为白鹭的东园，白鹭长年在这古树上栖息，多年不散，古人将这古枫所在的山称为养鹭山。每当春夏秋季节，群集而居的白鹭飞到枫树上，远望像三棵盛开的白花树。如今，三棵古枫只剩下两棵，高达 19 米，树干直径 3 米，树冠幅方圆 80 平方米，有如一棵巨大的桅杆立在那里，古树名木的存在给当地带来一片绿荫，一道亮丽的风景。

在宝坪村桃园组彭姓屋后有一棵古枫，这棵树树干粗长，树根裸露于地表，像蛇一样盘着，附近的人们经常根据树发芽、长叶来进行苗秧播种。另外，在茅屋后边也有一棵古枫。

古槠树 望天境内古槠树较多，树龄达 300 年以上的有 40 多株，其中海螺河边一株达 500 年以上。现已伐去。

宝坪古树名木繁多，但因遭受 1958 年大炼钢铁、1975 年起移屋造田做新村两次大量砍伐，所剩寥寥无几。

百年古槠（2018 年） 陈达华 摄

1984 年，太湖县林业局及乡林业站组织技术人员对全县古树进行调查、登记、拍照，建立古树数据档案和照片集。1989 年又对宝坪古树进行登记、造册。

2000 年再次全面调查、登记，由县政府制作号牌，对已登记的古树实行挂牌保护。自此，宝坪村的 6 棵古树被列入挂牌建档保护范围。

宝坪村现存国家保护古树一览表

表 10

组别	树种	级别	树高（米）	胸径（厘米）	树幅（平方米）	树龄（年）
筏形	柳树	二级	16	280	8	300
花屋	槠树	一级	16	340	10	250
三星	樟树	二级	18	340	12	220
旺林	枫树	三级	20	320	12	120
旺林	枫树	三级	20	320	12	100
旺林	枫树	三级	20	320	12	100

野生动物保护 由于黏土砖烧制被禁止，建筑和家具不再大量使用木材，沼气池、省柴灶、余热器、太阳能热水器的推广应用，使宝坪村的树木和柴火砍伐大量减少，森

野猪（2018 年）　　陈达华　摄

林植被得到恢复，为野生动物提供了生存繁衍环境。

2005 年开始，宝坪村“两委”领导，引导宝坪村村民保护野生动物活动全面开展。宝坪村成立了以村主任为组长，各村民小组组长、小学校长为成员的保护野生动物工作领导小组，坚持每年召开保护野生动物专题工作会议，商量、研究解决野生动物保护工作中出现的一系列具体问题，通过以宣传教育为载体，以执法为手段，以创建省市级生态村为目标，不断建立健全野生动物保护工作机制，促进全村自然生态和谐。

宝坪村还协助林业派出所进行了保护野生动物的专项打击行动，2005—2015 年，在村内共收缴非法猎枪 3 支、铁兽夹 11 个，并对 2 名非法猎捕的村民进行了治安处罚。

◉ 生态农业建设

1985 年，宝坪村开始治理水土流失，采用合理施用化肥，测土配方施肥、秸秆还田，赠施农家肥等措施培养地力，减少农药施用量，禁止使用残毒农药，推行生物防治技术，开展农田残膜回收。1988 年划定基本农田保护区。加强耕地管理，防止乱占耕地，制止违法占地，规范用地行为。与此同时，加强饮用水水源保护。

生态农业建设是农村发展的必由之路。1990 年，原宝坪村在网形、原海螺村在虎形山分别开辟了茶叶基地。茶叶基地的开辟，既绿化了荒山，又增加农业收入，被列为全县农业样板基地之一。1994—1998 年，原宝坪村在大屋、桃园新开辟两个茶园，原海螺村在花屋开辟了大林茶园。1998 年，投资 5 万元，对网形、虎形地段水土流失进行治

传统耕牛犁田（2016 年）　　江群　摄

理。2000 年，宝坪村被太湖县委、县政府评为“生态农业建设先进单位”。农业生态建设成果：建立以林、牧、特生产为主的山地生态经济带，以粮、禽、鱼、果生产为主的丘岗生态经济带；实施农田高效种植、林果基地种养、水面立体养殖、农副产品加工等工程，农村能源综合开发、基本农田综合治理、环境保护。2005 年，投资 12 万元，完成 240 亩土地的治理，其中基本农田 100 亩，水土保持林 80 亩，经济林 40 亩，封禁治理 20 亩。2008 年，投资 8 万元，对大屋、花屋地段水土流失进行治理。2015 年，投资 600 多万元，完成对状元桥堰、竹园堰、三合堰的重修工程和险峰水库加固工程。生态农业技术培训工程：因地制宜推广种养、共生、立体、节能、庭院、微生物再生六大类 11 种生态模式，覆盖面积 865 亩。其中，农田生态模式 1685 亩，林果基地种养配套模式 25 亩，水养殖模式 15 亩。

至 2015 年，宝坪村在较好保证基本农田生产良性发展的基础上，开发建成茶叶、板栗、油茶、药材等各类林果和养殖基地 3000 亩，改造旧茶园 300 多亩，林草覆盖率由 56% 提高到 85%（其中，森林覆盖率为 75.8%），土壤有机质含量由 1.89% 上升到 2.58%，板栗、油茶、茶叶等林果基地坡改梯达到 60%，水土流失治理率由 32% 上升到 89%，旱涝保收农田面积比重由 95% 上升到 100%，病虫草害发生率明显下降，农膜回收率、秸秆综合利用率大大提高，农村用沼气普及率达到 28%，100% 的农户用上清洁卫生的自来水。20 余年的生态农业建设实践，实行经济效益、生态效益和社会效益的同步增长，宝坪村自然生态环境得到极大改善。

环境监测与治理　中共十一届三中全会后，宝坪村从过去不重视环保工作到高度重视，环境状况从局部污染、破坏到全面治理，改善明显，环境保护为经济社会可持续发展创造了条件。

2006年，宝坪村成立环保工作领导小组，党支部书记任组长，村长任副组长，各村民小组组长为环保工作领导小组成员，村环保工作领导小组积极配合县环保局开展全村环境监测治理工作。

近年来，由于宝坪村“两委”做了大量工作，宝坪村山明水秀，自然生态环境得到保护，农业环保取得实效，生态农业、生态村庄、污染控制等方面成效显著。

环境质量

宝坪村环境质量状况主要是空气环境质量状况和水环境质量状况。2015年，宝坪村空气环境质量达到国家二级标准。宝坪村境内的雷空河、赵冲河、夏家河及七座水库的水质量，根据县环保局监测，均能达到水环境功能区划标准。

空气环境质量 宝坪村地处大别山南麓的崇山峻岭之中，森林覆盖面积达75.8%，是天然氧吧，境内没有工矿企业，加之禁止农民焚烧秸秆，因此，降尘量极少，空气环境质量达到甚至超过国家二级标准。

水环境质量 宝坪村境内的雷空河、赵冲河、夏家河及大林水库、大竹水库、朱家冲水库、炭湾水库、险峰水库、羊湾水库、长岭水库等水库的水质量，根据县环保局监测，均能达到水环境功能区划标准。

水土流失状况 根据县国土局和北中国土所对宝坪村土地利用现状调查，全村水土流失面积涉及4平方千米的地域，占总面积的47%。其中，轻度侵蚀面积2平方千米，中度侵蚀面积1.5平方千米，强度侵蚀面积0.5平方千米，年流失量5万吨。

境内水土流失主要有水力侵蚀、重力侵蚀两种类型，造成的原因自然因素占54%，人为因素占46%。人为因素主要是乱砍滥伐、毁林开荒破坏植被所致；自然因素则是因境内雨量充沛，且多暴雨，水流过急导致表土流失。水土流失致使土壤养分流失，土质变劣，肥力下降；耕作层变浅，砾石增多；冲毁、淤塞水利设施与河道，影响灌溉、泄洪、滞洪能力；灾害使水体富营养化，覆盖水底栖息生物，影响卵场所和栖息地；将农药、化肥带入水体中，危害水生物。

污染防治

空气污染与防治 宝坪村空气污染来自4个方面：村民生活用灶，机动车燃料，街道（道路）扬尘和建筑工地扬尘污染，季节性农户焚烧秸秆造成污染。防治方式：改造旧炉灶，减少烟的排放；严禁农户焚烧秸秆；实行街道与道路硬化。

水污染与防治 村域内主要水体水质状况。宝坪村 7 座水库都修建山根下离村庄较远，无污染源，村内的水污染主要是村民的生活废水的排放，因此，村争取国家农业综合开发资金，加大投资力度，整治村庄排污工程。与此同时，宝坪村“两委”加强对自来水水资源投入和监督管理。确保村民饮用安全、卫生、合格的自来水。

农田污染防治 宝坪村境内农田污染主要来自农药、化肥、农膜污染。50 年代末 60 年代初，宝坪村境内农业生产开始使月无机化肥和农药。60 年代，宝坪（含原海螺）全年亩均化肥用量 13.5 ～ 26.5 千克。70 年代亩均用量 24 ～ 28.5 千克。80 年代亩均 38.5 ～ 68.5 千克。90 年代至 2005 年，年均化肥用量 80 ～ 120 千克。其中磷肥 50 千克、氮肥 40 ～ 50 千克、钾肥约 20 千克。化肥大量使用，使农田土壤有机质含量下降，土壤板结，地力下降。农药使用范围开始仅限于果、蔬菜、棉等经济作物，后来水稻也逐渐大面积使用。农药种类开始只有有机磷类和氨基甲酸酯等。70 年代，有机氯农药大量使用，其残毒和污染对人类和环境造成不良影响。80 年代初，“六六六”“滴滴涕”停止使用。2000 年以后，使用农药有有机磷类、氨基甲酸酯类、菊酯类、生物农药制剂、有机杂环类等几百种，全村全年农药使用量约 500 千克。由于大量使用农药，在杀灭害虫的同时也杀死害虫的天敌，致使害虫的天敌减少，害虫更加容易繁殖生存。同时，高毒高效农药和除草剂的大量使用，造成农产品中农药残留问题突出，对人类健康构成危害，对自然生态环境，特别是水体环境造成污染，残留农药通过食物链污染又污染动物产品，间接威胁到人类的健康。农膜使用始于 70 年代初，宝坪开始只用于水稻育秧，后来发展到旱地使用。90 年代，水田、旱地早春作物普遍使用农膜，全村全年使用农膜约 400 千克。农膜残留在土壤里，对土壤造成污染，改变土壤物理性质，阻碍农作物生长。

70 年代中期，宝坪村推广种植绿肥苕子（兰花草）、红花苕子（红花草）360 亩，次年翻耕当作底肥种植水稻获得成功并全面推广，以减少化肥用量，节约开支。1987 年，全村种植绿肥苕子、红花苕子面积达 1200 亩，倡导农户施腊肥，挖塘泥追肥以改善土壤。宝坪村污染防治始于 90 年代中期，主要方式是通过大小会议宣传禁止使用高残毒农药的好处，推广生物防治技术，倡导购买低残毒农药。与此同时，回收农膜。2010—2015 年，结合新农村建设，兴建沼气池，处理人畜粪便。

村庄生活污染治理 开展生态村庄建设，制定并实施《生态文明村创建规划》和具体方案，治理村庄生活污染，改变农户乱扔垃圾的不良习惯，推广使用沼气等清洁能源，开展四旁植树，推行秸秆综合利用，禁止焚烧秸秆，保护饮水水源，建设生态村庄。2008 年开始，动员村民改厕 150 个，新农村住户普及卫生间率达 85%。2014 年，村配置 6 个环卫工人，并投入 8 万元购置了 260 个垃圾桶，做了 2 个垃圾池。实行生活垃圾“户集、村收、镇运输”统一处理。确保生活垃圾定点存放清运率达 100%。截至 2016 年年底，宝坪村全村有 112 家农户使用沼气，260 家农户用上太阳能热水器，人居环境大为改善。

生态产业 宝坪茶叶、油茶、板栗种植历史悠久，种植技术成熟，产品质量优良，尤其是茶叶。2007 年，太湖县实施农业产业结构调整。宝坪村抓住契机，把农业结构调整作为经济发展的切入点和突破点来抓，实施“产业富民”战略，形成了茶叶、油茶、板栗三大主导产业。该村为了保证茶叶发展种植规划的实施，真正使群众得到实惠、产业出效益，村“两委”多次召开党员、组长、村民代表会议，制定茶叶种植实施方案与奖惩措施。对于规划区内的茶叶种植，由村“两委”负责组织实施，各蹲组村干部负责各片种植面积的落实，技术上由北中农技站统一指导。在奖励方法上，规定农户购买每斤茶籽只需交 0.5 元押金，村里补贴 1 元；每亩按实际种植面积补贴标准化肥（尿素）25 千克；每亩补贴吊槽费 60 元，充分激发和调动了广大农户种植茶叶的积极性。

至 2016 年，宝坪村为稻米、茶叶、板栗、蔬菜、水产、兽禽等绿色食品及无公害农产品品牌创建奠定坚实基础，共建立无公害农产品生产基地 6 个，面积达 500 多亩。

◉ 生态村组建设

90 年代初，宝坪村开始生态建设。1995—2010 年，宝坪村“两委”先后编制《宝坪村生态农业建设实施方案》《宝坪村生态村组建设总体规划》《宝坪村创建生态环境村组规划》，并分别制订创建北中镇（原望天乡）、太湖县、安庆市生态乡村实施方案。1998 年开始，每年与各组签订责任状。2006 年宝坪村虎形茶场、网形茶场被评为北中镇生态农业样板基地。从 1999 年开始，按照生态村组建设总体规划，着手谋划新农村建设。先后完成网形新村建设、大屋新村建设、三合新村建设。扩建和硬化马嘶至三星、网形至三星、马嘶至竹园、筏形至赵昀墓等道路，完善自来水管网、环卫设施、村庄绿化、路灯、高山头移民搬迁、电力、通信等配套工程建设，完成旧房改造。开展生态村庄建设，制定并实施《生态文明存创建规划》和具体方案，治理村庄生活污染，改变农户乱扔垃圾的不良习惯，实行生活垃圾“户集、村收、镇运输”统一处理。推广使用沼气等清洁能源，开展四旁植树，推行秸秆综合利用，禁止焚烧秸秆，保护饮水水源，建设生态村庄，兴建新农村居民点，按标准建设村“两委”办公场所和党员群众活动中心。十几年来，通过宝坪村广大干群的努力，生态农业、生态环境、生态村庄建设，取得良好的经济效益和生态效益。

建设规划

宝坪村村组生态建设规划含生态建设总体规划、生态农业实施方案、生态村组创建规划三个方面内容。宝坪村生态村庄建设总体规划由村“两委”编制，报乡镇及县政府批准后付诸实施。

生态建设总体规划 2000年，宝坪村生态村组建设总体规划，由当时望天乡批准实施。后根据经济和社会发展，曾两次修改总体规划,2005年经北中镇人民政府批准后实施。

生态村组创建规划 2006年宝坪村编制《宝坪村创建生态环境村组规划》，并先后制定《宝坪村创建北中镇生态环境村组实施方案》《宝坪村创建太湖县生态环境村组实施方案》《宝坪村创建安庆市生态环境村组实施方案》，明确创建工作指导思想、基本原则、主要目标、创建任务和实施步骤。

村庄建设

宝坪村生态村组建设包括道路建设、村庄绿化亮化、环境卫生治理、村庄管理、环境基础设施建设、生态村庄建设等方面内容。

虎形山生态园（2015年） 江群 摄

村民供水 2009—2010年，宝坪村争取国家资金44万元，实施农村饮水工程，在里公河、枣树岭脚下、勘家河、毕岩山脚下，建造四口井，另外将引出的水放进四个蓄水池，将水进行过滤、沉淀、消毒。使农民吃上了清洁、卫生的水。受益人口2500余人。

绿化亮化 2004年撤乡并镇，2005年撤村并村以来，宝坪村在建设社会主义新农村同时，强化绿化的辅助工程，栽插绿化树。栽插树种有香樟树、广玉兰、桂花树、紫薇、山茶花等。据统计，至2015年，新村栽插绿化树1200多棵。2015年，宝坪村投资40万元，在网形新村居民点、大屋新村居民点、三合新村居民点安装路灯各20盏。

设施建设 2004—2016年，全村道路硬化率达95%，安装路灯18盏。村庄绿化覆盖率达85%。在农户各层面开展节能、节电、节约耗材系列活动，鼓励农户使用沼气、太阳能等清洁能源，2014年，全村使用清洁能源居民户数比例达到48.6%。开展污染物减排工作。开展饮用水水源保护工作。成立宝坪村安全饮用水工作领导小组，制定制度，明确分工，落实责任，强化管理，确保村民饮用洁净自来水。开展畜禽污染防治工作。规模化畜禽养殖场、农户家养的畜禽所产生的粪便用作肥料，沼气养料等，有效地控制畜禽粪便污染。开展秸秆禁烧禁抛和综合利用工作。成立村主任任组长的秸秆禁烧禁抛和综合利用工作领导小组。通过加强领导、落实责任、大力宣

治理后的宝坪沙河景象（2018） 陈达华 摄

传等措施，确保夏、秋两季不发生秸秆焚烧、乱抛现象。开展农业污染源治理。推广使用有机肥，推广使用低残留的新型杀旦、除草农药，工商、质监、农林、公安联合监控销售网点，从源头杜绝伪劣农药扩散。自2000年以来，宝坪村争取上级项目资金150多万元，修建“友谊桥”“三星桥”“象形桥”“筏形桥”。投资80万元，维修堰坝3处。

生态资源保护 1994年，宝坪村设立基本农田保护区4个（网形片、大屋片、椅形片、三合片），面积1800亩，保护率达100%。并竖立固定标语牌4块，做到保护面积、措施、标志、责任人四落实。此后每年检查一次保护情况，对标志有损的进行修缮，依法追究滥用乱占耕地者的责任。基本农田保护区，做到“三个统一”，即统一制作保护标志牌、统一绘制基本农田保护规划图、统一保护范围，做到措施和责任到人。2005年开展基本农田保护大检查，宝坪村基本农田基础档案，均在县市、省级国有资源管理部门备案，真正做到了图表资料与实地相符，图上有界线，实地有标志，档案有记录，管理有制度，政府有责任状，农户有明白卡。保护森林资源，村成立联防队，配备灭火器材，设立防火警示牌，严格森林执法，杜绝乱砍滥伐现象发生。

新农村居民点建设 按照80年代《宝坪村生态农业建设规划》和21世纪初制定的《宝坪村创建生态环境村组规划》，宝坪村16个村民小组围绕生态村庄创建，以宜居村庄建设为契机，建设社会主义新农村。如：网形、大屋、竹园、三合、椅形等。

村组管理

2005年开始，宝坪村成立宝坪村文明建设领导小组，书记任组长，村长任副组长，各村民小组组长为成员。领导小组每年与农户签订门前“四包”（包卫生、包绿化、包秩序、包环境）责任状，并定期检查通报。

饮用水水源治理 在水源地种植水源涵养林草，同时派专人管护水源、公益林、生态植被，在饮用水源地设警示标志，并鼓励和引导村民使用生物农药高效、低毒低残留农药，最大限度减少污染，净化水源。2016年，全村饮用水合格率达100%.

秸秆综合利用 2009年以前，许多村民为省工省钱，便于田间耕作，有焚烧秸秆的习惯，既污染环境又浪费资源。2010年，省、市、县、各乡镇分别下文，禁止焚烧秸秆。宝坪村把秸秆综合利用作为生态建设的重要环节，每年与各村民小组签订“农作物秸秆综合利用目标责任状”。2014年年初，制定《2014—2016年宝坪村秸秆资源综合利用实施方案》，提出到 2016 年，全村秸秆综合利用率达 95%，实现全村秸秆综合利用与焚烧秸秆“一年突破、两年推开、三年见效、五年根治”的工作目标。2014 年成立以书记为组长的秸秆综合利用领导小组。通过加强领导、落实责任、大力宣传等措施，取得良好效果。

基础设施建设

村级组织办公活动场所建设 2016 年，宝坪村争取上级资金 25 万元，新建村支部和村委会办公活动场所，同时建成村级为民服务中心、文化活动中心和党员群众活动阵地。

宝坪村便民服务中心设组织建设、综合信访、民政社保、就业扶贫、妇联计生、国土资源等窗口。服务范围：民政服务、社会保障服务、国土资源、村镇建设、农业服务、林业服务、人口计生、新农合、财政服务、广电服务、文化服务、综合服务等，能为村民办理 20 多项事务。

宝坪村文化活动中心由村“两委”主办，是村民集中活动的场所。文化活动中心购置大量有关农业科技方面的图书，增加和扩大村民的知识面；举办有关农业知识讲座，提高村民文化水平；建活动场地，促进村民健身运动和文娱活动。

宝坪村党员群众活动阵地建设。宝坪村党支部从加强农村党的建设，促进经济社会全面发展的战略高度，切实重视和加强党员活动室建设，努力提高农村基层组织建设水平。宝坪村党支部按照“有一套硬件设施、有一套电教设备、有一套上墙制度、有一套活动台账、有一套报刊书籍”的“五有”标准，建设“合格党员活动室”，在此基础上，按照“设施配套好、活动开展好、学习氛围好、管理规范好、党建园地好”的“五好”要求，争创“先进党员活动室”。将党员活动室建设纳入党建目标考核内容，突出重点，严格标准，分步实施，注重实效。建立党支部成员联系制度，做到“五个一”，即抓一项基础设施建设、建一处标准化的党员活动室、购一套党员电教设备、发展一项农牧业主导产业、帮助一户贫困户脱贫，重点解决“有阵地办事”的问题，用实际行动赢得群众信任。

道路建设 宝坪村在中华人民共和国成立前有两条古驿道，是当时交通主要线路。一条是从马嘶铺经状元坊、下下岭、状元桥、马蹄铺、枣树岭（枣柿岭），穿柳林河到英山县城，这条路大概 10 多千米，有许多石级台阶，到枣树岭山岗上。站在枣树岭山冈上，晚上能看到英山县城的灯光，听到英山县城车鸣笛的声音。

另一条是从马嘶铺经李屋、花屋、长岭三打处到莲花上墨直至湖北省蕲春县。从马嘶铺至长岭三打处约 6.5 千米。山道弯弯，崎岖陡峭。

80 年代，宝坪、海螺各修了一条机耕路，那时候只有几部手扶拖拉机、小四轮车，经常在路上行驶，河里铺一些石头当过水路面。1998 年，实现村村通公路，但路面仍是沙石路面。每年村里都要投入一定资金对路面进行修整，这样的情况大概经历了 20 年左右。

2004—2016 年，全村投入 750 万元，改造、硬化村组级公路 10.5 千米，全村道路硬化率达 95%。投资 34.5 万元，新建桥梁 6 座。逐步实现了道路全部通组、通居民户、通自然村。

宝坪村桥梁一览表

表 11　　单位：米

桥名称	长度	宽度	高度	拱数	备注
状元桥	14.2	4.0	6.0	单拱	—
海螺桥	22.0	5.0	6.0	单拱	又名王屋桥
三星桥	12.5	4.5	6.0	单拱	—
友谊桥	22.0	4.5	6.0	单拱	又名上河桥
狮形桥	22.0	4.0	3.5	单拱	—
象形桥	10.0	4.2	4.5	单拱	又名五家桥
赵家冲石拱桥	13.0	3.8	5.5	单拱	古桥

村级水泥路（2017 年）　祝厚林　摄

三星桥（2016 年）　江群　摄

友谊桥（2015 年） 江群 摄

赵家冲石拱桥（2015 年） 江群 摄

◉ 美丽村庄示范点建设

自 1998 年开始，宝坪村就有村民做楼房。村“两委”认为新农村建设是社会前进的必然趋势，因此外出考察、学习外地新农村建设的经验。制定《宝坪村新农村建设实施方案》，对新村建设进行整体规划，稳步推进新农村建设。

2010 年以来，积极推进美好乡村建设，以自然村为单位，科学规划，整合资源，适度规模，适当超前，严格执行，分步实施。宝坪村现有网形新村、三合新村、大屋新村、筏形新村、花屋新村五个示范点。截至 2015 年年底，宝坪村新农村居民点 20 多处，占地面积 8.4 亿平方米，建筑面积 16.8 亿平方米，入住 560 户，2386 人。累计建房投资 2300 万元。水、电、路、气和互联网等配套设施投资 120 多万元，改善村民居住环境。

网形新村 宝坪村网形组，人口 144 人，41 户。

网形组是进入宝坪村入口处，也是宝坪村的门户。2007 年，网形组照生态村组建设总体规划，推进新农村建设。拆除危房、土砖旧房，新建统一标准、统一规格、统一质量、统一绿化的新村。经过一年多的努力，一条宽阔的水泥路沿新村而过，一排崭新的房屋展现在人们的面前。新居建成了，供电、供水、排污、绿化等设施一应俱全。

三合新村 三合新村现有人口 178 人，46 户。

1975 年，原海螺大队“农业学大寨”，移屋造田建新村。三合组全部住进当年做的一排新村（土瓦房）。2012 年起，三合组农户着手新农村建设，将旧房拆除，在原址新建钢混楼房。供电、供水、排污、绿化带、路灯、公厕等设施全部到位。宽阔的水泥路从村庄门前而过，形成半边街，夏家冲河从村庄脚下缓缓流过，村庄后是一条长长的山岗，山岗上是密密麻麻的松树，一年四季郁郁青青。

大屋新村　大屋新村现有人口 238 人，64 户。

大屋组新村建设起步于 2002 年，村民按照《宝坪村新农村建设实施方案》，拆除原宝坪大队“农业学大寨”时，移屋造田所建土瓦房，在原地基新建钢混楼房。新修水泥路直达新村，新建绿化带，安装路灯，家家户户安装太阳能，吃上干净的自来水，村庄安放垃圾桶，垃圾统一处理，人人讲卫生，人人讲文明，邻里之间和谐相处，人与自然和谐相处。经济繁荣，家庭富裕，村民安居乐业。

筏形新村　筏形组人口 236 人，56 户。

筏形组在古代就是很有名的古铺。从 1999 年开始，筏形组按照生态村组建设总体规划，开展生态村庄建设，实施旧房改造，治理村庄生活污染，着手谋划新农村建设。十几年来，通过组民的齐心协力，生态农业、生态环境、生态新农村建设，取得良好的经济效益和生态效益。至 2015 年，全组有 50 户建了新楼房，村庄亮丽了，环境亮丽，人们的心情也随之亮丽了。2016 年，宝坪村筏形组被太湖县人民政府评为“村庄整治点先进单位”。

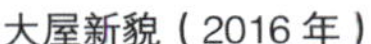

大屋新貌（2016 年）　　江群　摄

筏形新村活动场所（2017 年）　　江群　摄

花屋新村 花屋组人口 190 人，43 户。

宝坪村花屋组，因清咸丰年间（1851—1861）建有一栋雕梁画栋的徽派建筑及一栋“爱吾庐”而闻名。由于岁月久远，花屋已垮塌，“爱吾庐”犹如风烛残年的老人，守望着岁月。村容整洁，乡风文明是新农村建设的一个重要标志。自实施新农村建设以来，花屋组村民将目光投向提高生活质量上，楼房依山而建，鳞次栉比。道路硬化、村庄绿化、亮化、环境卫生治理，实施了人畜饮水工程，人居环境、生产环境大为改善，村民的幸福指数明显上升。

附 1：宝坪村村民文明公约

1. 爱我中华，兴我宝坪。同心同德，艰苦创业。
2. 爱护公物，保护环境。文明礼貌，讲究卫生。
3. 为人正直，诚实守信。办事公道，奉献社会。
4. 尊老爱幼，家和邻睦。优生优育，移风易俗。
5. 尊师重道，好学上进。崇尚科学，强身健体。
6. 遵纪守法，见义勇为。扶贫济困，热心公益。

太湖县北中镇宝坪村村委会

附 2：宝坪村村规民约

1. 爱国、爱党、爱社会主义。响应党和政府号召，认真履行公民各种义务，团结一心为建设社会主义美好新农村做出贡献。

2. 学法、知法、守法，自觉维护社会治安和公共秩序，见义勇为，同一切坏人、坏事和不良行为作斗争。

3. 学习科学文化知识，积极开展文明、健康的各种活动，不看反动淫秽书刊、录像等，不参与赌博、吸毒、卖淫、嫖娼等活动。

4. 移风易俗，反对迷信，坚决抵制邪教。提倡婚事新办，丧事简办，提倡优生优育，科学教育子女。

5. 文明礼貌，不扰民坑民。夫妻恩爱，邻里和睦。尊老爱幼。勤俭节约，

检测电视信号设备（2017 年） 陈达华 摄

反对浪费。积极支持和参与美好新农村建设。

6. 搞好环境卫生，保持家庭和村庄整洁，不挤占公共场地，不乱倒垃圾，自觉维护社会和公众利益。

7. 保护土地，保护森林，不乱砍滥伐，不放火烧山，保护好我们人类共有的绿色家园。

8. 学雷锋，树新风，人人争取在单位做个好职工，在家庭做个好家长，在学校做个好学生，在社会做个好公民。

太湖县北中镇宝坪村村委会

百年古枫（2016 年）　　江群　摄

旅游开发

宝坪村，地处大别山南麓，群山环绕，生态优良，山水田园，处处皆景，美轮美奂，是养在深山人未识的人间仙境。清嘉庆元年（1796）状元赵文楷的故里赵家冲，被喻为“龙虎地，保驾山，狮象锁水口，日月把门关，二面钟鼓响，中间骆驼昂”的风水宝地。村内具有休闲观光旅游开发价值的自然景观众多。

◉ 旅游资源

宝坪村旅游资源有自然景观、人文景观、文物古迹等资源。

自然景观

宝坪村自然景观资源有乌牛石、勘家河大峡谷、夏家寨等风景旅游区。

乌牛石　位于玉珠、望天宝坪和湖北英山县交界处，又是皖鄂两省分水岭。山石如犀牛望月，故得名。主峰海拔 926 米，山势险陡嶙峋，漫山怪石林立，清泉水瀑，鸟语花香，珍禽野兽，种类繁多。立于乌牛石山顶，极目远眺，可览英山县城全貌。近观山脚下的宝坪村，乡村公路纵横交错，楼房鳞次栉比，炊烟袅袅，鸡犬相闻。60 年代，原海螺村在此山办起林场，人工造林千余亩。如今，满山满岭，郁郁葱葱，引人入胜。当地有一首《咏乌牛石》诗："力牛耸立皖鄂州，不知经历几千秋，狂风拂拂无毛动，小雨潇潇有汗流。牧童用力难牵走，鞭子任抽不回头，荒山野草莫能食，天地做栏夜不收。"乌牛石是人们旅游的好去处。

观音潭瀑布　在勘家河大峡谷之中，有一巨大石壁冲天而立，名叫"观音岩"。观音岩上建有观音庙，观音庙上方石壁上有天然形成的"女"字，因此又叫"女"字岩。

山涧之水在观音岩中断，飞流而下，形成观音潭瀑布。当地村民对瀑布还有一个形象的称呼，叫"观音漂白布"。瀑布高约 20 米，宽约 6 米。丰水期时，瀑布声若洪钟，在山外很远的地方皆可听到。

在瀑布下方，有一水潭，名叫"观音潭"。潭水清澈，潭底的石头清晰可见，均光滑圆润，大小高低，错综排列。

立于潭边，四面杂树环合，空山鸟语，意境悠然。起风时，瀑布之水化为烟雾，弥漫于水潭四周，让人仿佛置身在迷幻世界。

在观音庙后山，有两块巨石，相对而立，一块形似男性生殖器，一块形似女性生殖器，人称"公母石"，许多信众认为朝拜此石能保证妇女怀孕，致使观音庙香火旺盛。

勘家河大峡谷　位于宝坪村西南部，两山对峙，形成的一条大峡谷。大峡谷长约 3 千米，最宽处 100 多米，最窄处仅 10 余米，相对落差 380 米。谷深，崖陡，水急，峡谷内因光照较少，显得十分幽静。

观音潭瀑布（2016年）　　江群　摄

深谷呈阶梯形状，深谷布满瀑布和水潭，出名的有观音潭瀑布、观音潭、溢龙潭等。谷底因水流冲击，少有植被，遍布外表光滑的巨石，小的重十几吨，大的有一百多吨。谷岸悬崖挺拔巍峨，山石嶙峋，千姿百态。峡谷两旁的植被以古树和藤蔓为主。

墈家河大峡谷中的“女”字岩及观音庙（2016年）
江卫春　摄

夏家寨　位于宝坪村西南角。相传清朝时候，此山有夏将军安营扎寨，驻军防守，故名。主峰822米。山间盛产松、杉、竹、栗、漆、枫等。60年代，望天乡海螺村在山西北坡——虎形一带办起了茶场，面积500余亩。年产干茶万斤以上。夏家寨周围遍布奇山异石，蔚为壮观。有形象逼真犳鸡冠山、轿子石。有形如挑夫挑担歇肩的三座打杵叉，有惟妙惟肖的笤箕宕、椅形湾，与虎形山、鹰嘴岩、缩头尖相毗邻。同在一条山脉之中。夏家寨地势险要，崖壑纵横，在此安营扎寨，易守难攻。站在顶端，玉珠、望天，秀丽风光一览无余。过去曾建过烽火台，设过岗哨，是兵家必争之地。如今上寨周围遍布茂林修竹，茶、桑、板栗，一年四季花果飘香，令人流连忘返。

人文景观

宝坪村人文景观资源有爱吾庐、赵氏宗祠、花戏楼、状元桥、赵文楷墓、赵畇墓等。

爱吾庐　坐落于宝坪村花屋组，系清代介元赵继兰斥资所建。始建于1916年2月，1919年建成完工，是一座雕制精美、古色古香的徽派建筑。一进三重，假五重。每重两层九联，加上两边厢楼10间，共45间。10个天井，中间有大庭院，院内有20多个花台，两旁都有小池塘。爱吾庐前重大门楼用四根粗大木柱，桁条、基枋、楼板构建成30平方米的花戏楼。在中重官厅可以欣赏戏剧节目。楼上安有两鼓洞状摄窗口，供通风、采光、观景之用。前重正面各房间的窗户上嵌有冰雪梅木雕花格图案，图案中间镶玻璃，看上去优雅别致，清新赏目。

爱吾庐（2016 年） 吴卫东 摄

上重为正厅，大门墙全部是木雕隔扇，上面雕的图案是《三国演义》中诸葛亮出师表、六出祁山等故事，三方墙上挂满了当时各界名流贺赠的匾对，匾文“花萼相辉”“紫燕生辉”等。当时南京府台陆以汝与赵继兰结拜兄弟，为该庐赠送了贺联，六邑联中校长赵伦士曾亲书“无情岁月增中减，有味诗书苦后甜”对联相赠，使爱吾庐满堂生辉。

中重为大官厅、客厅，前后用木雕隔扇作屏风墙，上半部为花格，下半部为实体雕花图板镶制而成。图案是《三国演义》中张飞、关羽、司马懿等大将正盛时期的故事。中重顶部是阁楼，全是木雕花窗，可临窗观戏，供人小憩。

爱吾庐背靠天马山，坐东朝西，西朝蛇形岗，远观乌牛石。东有天鹅孵蛋，西有金龟嬉水，占地面积 1800 平方米。该庐的木雕隔扇冰雪梅窗均为玉珠张河人张盛珠雕刻。该庐建成后，长发其祥。赵继兰在当地称为豪富官宦之家，其孙赵春霖，又名春三王，第四期黄埔军官学校毕业，在外做官。祖孙三代为当时名流。爱吾庐历经近百年的风雨侵蚀，虽已破损、换改，主体原貌尚在。

赵氏宗祠 坐落在赵家冲茅屋，赵氏名流赵国荣公倡捐修建，建于 1922 年，该祠堂设有花戏楼，坐西北朝东南，砖木结构，一进两重，中间是用条石板块铺成的大天井，上重为看戏官厅，一厅内有四根胸围在两米左右圆形木柱，木柱底下有形如鼓状的石墩以防柱子吸潮腐烂，柱子顶上有形如“垚”的大梁。下重大门楼上设有花戏楼，面积 32 平方米，楼口两边镶有纱楞花板，上刻有鸟兽、树木、花卉图案。戏楼两侧有厢楼，祠堂建成后，有本地剧团及许多外地戏班子到此演出。赵氏宗祠是一座保存完好的

赵氏宗祠（2015 年） 吴卫东 摄

赵氏花戏楼（2016 年） 江群 摄

徽式建筑，占地 200 平方米。

大林寺 位于宝坪村天马山中，建于明太祖洪武四年（1371），原是王家庵，后来转为赵家庵，起名大林庵，后复修称“大林寺”。据民国《太湖县志》记载：该庵系县北玉望村保赵彦逵建，并捐田八斗五升，续增田二斗五升，册载六亩六分整。该寺原有殿堂、房屋 40 多间，占地 1000 多平方米。佛像有三尊大佛、四大金刚、十八罗汉、二十四居天，还有观音菩萨、华佗菩萨等 100 多尊，香火非常旺盛。清代时，该寺曾设立过私塾、学堂，状元赵文楷少年时曾在该寺读过 6 年书。同治元年（1862），赵文楷孙女、赵畇次女、李鸿章夫人赵继莲（又名赵八姑、赵八小姐）曾在此寺躲避捻军。时为军机大臣的李鸿章从该寺接回避难达三个月之久而毫发未损的夫人赵八姑时，感激不已，并亲书“慈云法雨”匾额亲自送往该寺。至今尚有残匾藏在赵姓人家。该寺原有建筑几经沧桑洗劫，毁荡无存。后来在释妙法师（尼僧）、西缘居士、慧明居士和信士赵荣德、赵福吼等人倡议下，决定恢复大林寺。经两冲居士、信士和民众的捐助，于 1999 年正月开始动工，到年底竣工，在原址修建了一座占地近千平方米的寺庙，题名为“大林寺”。供奉菩萨 20 多尊，住持和尚 1 人，居士、信士达千人以上。该寺坐东朝西，依山傍水，风光秀丽，香客往来频繁，香火日益旺盛。寺前有大林水库，波澜不惊，水面如镜。寺周围有夏家寨、乌牛石、鸡冠山、虎形山、爱吾庐等秀丽山川和名胜古迹，可供游览观光，是人们旅游休闲的好去处。

壹圣寺 位于发源于乌牛石阚河的河床上，背靠大山，面朝阚河，始建于明代，由于历史久湮，时代更替，兵燹焚戎，以及政治运动，壹圣寺几经兴废，荡然无存。2005

壹圣寺（2016 年） 江群 摄

年由赵氏家族及众香客筹资重新修建。房屋四间，占地面积约 150 平方米，内有大的佛像十三尊，小佛像十四尊。如：文殊菩萨、财神菩萨、地藏菩萨、阿弥陀佛、药知佛、观音菩萨、韦陀菩萨、如来佛祖等。

古花桥 坐落在宝坪村中心组木垅沟狮象锁水口处。原来是一座木板桥，桥长 12 米，宽 0.8 米，高 5.8 米，河中间安两根树桩作为桥墩，支撑着桥板。赵文楷中举后重修此桥，又称“状元桥”。后来由于年久失修，桥已垮塌。直到 1999 年，仿照原来模样，用钢筋水泥结构修复了此桥。桥长 30 米，宽 3.4 米，高 6.6 米，成为旅游、观光、休息的理想场所，也是一道亮丽的风景。

古拱桥 位于状元桥上游，驼背柳树下，这是古代人用四齐四整的石头做两边拱弦，中间掺杂乱石，灌上桐油石灰混杂的泥浆，修建而成。两头有四个石级台阶，台阶光滑平整，桥面中间的缝口石（又称龙口石）像一四方桌面，面上刻有图案文字。虽历经多年风雨，仍完好无损。那个时代没有水泥，其做工之精细、结构之严谨，令人赞叹。

筏形古人类居住遗址 位于宝坪村筏形组。1984 年，经省市县考古工作者普查试掘取样分析，这里是古人类居住遗址。因有数户居民在此建房居住，未能开采。该遗址被列为县级重点文物保护单位。

文物古迹

状元坊 民国县志记载：位于县西北望天马嘶铺杏花村口的“状元坊”，为殿撰赵

文楷建。即现在望天信用社和街对面的马嘶村部之间，属跨街竖立的牌坊，建筑样式，气势宏伟。牌坊南面镶嵌的是嘉庆皇帝御题的“状元坊”金字匾额，背面即北面写的是“杏花村”三个字。清朝后期，宝坪、海螺统称“杏花村”。关于“状元坊”人们至今记忆犹新，这座高大宏伟的跨街建筑，为宝坪冠以文化之村提供了有力实证。《望天山赋》中有“状元坊，状元之红旗归去十里飘扬”之句。赵荣孚《赵家冲里风光好》有“四代翰林荣赵氏，杏花村口状元坊”之句。清代时，马嘶铺状元坊附近“杏花村酒楼”最为有名。状元公有“玉楼人醉杏花天”之句。状元坊是望天文化的象征，具有文物价值，可惜毁于“文化大革命”期间。

古凉亭 枣树岭古凉亭，位于宝坪村与湖北省英山县交界处，地处山冈，清代建筑，设有南北两个大门，凉亭内设有休息的木质长凳。大门头上有张虎臣题的“停留倦足”“栖止爽心”的横额，南北大门两边有两副对联，南面一副为“吴楚风光在眼底，遍身疲惫去无踪”，北面一幅为“皖山楚水随步去，古客今人有缘来”。登北亭，两邑风光尽收眼底。近可观望天全景，远可眺英山县城。由于风雨侵蚀，已垮塌多年。

马蹄铺 位于宝坪村筏形组，是望天三大古铺之一，因形状像马蹄故称马蹄铺，是望天经马嘶铺过赵家冲，翻越枣树岭到英山县城的古驿道。明清时期，赵氏人丁兴旺，官宦之家，富豪之家，秀才、先生、状元的后代翰林，给这里营造了商机，促进了繁荣。该地有豪华的山庄、徽式祠堂、古朴典雅的花戏楼。别样的饭馆，各式小作坊组成一里多长的合面街道。清代以来，有许多达官显贵，文人墨客在这里流连忘返，赋诗作乐。赵家冲的许多景点，如状元桥、狮象山、骆驼卸宝、钟形、鼓形、日形、月形都分布在古铺围围，另有回龙顾祖、天鹅孵蛋、仙人撒网、筏形、蛇形等景点距离较近，曾有人吟诗赞曰 :“状元故里好寻芳，古埠犹存翰墨香，地理人文书不尽，青山绿水写华章。”还有文楷故居、赵昀墓、驼背柳树等景点。

古梭子桥 古梭子桥原有两座，一座是位于花屋组的木桥边上，现因通公路拆除修了平板桥。另一座位于炭湾组出口处，至今仍然存在。该桥高度约 5 米，宽度约 1 米，跨度约 8 米，是用四根长约 4 米的石条加上去的，每根石条长约 4 米，宽约 50 厘米，厚约 40 厘米，石条每头两根，平行摆放，中间有一菱形石礅，形如梭子，故称梭子桥。

古建筑一角（2017 年） 江群 摄

◉ 旅游建设

宝坪景区设有定点购物商店、农家小型超市 10 余家，阅览室、音乐文化茶楼、多功能大厅各一处，腰鼓队、龙狮队、莲湘舞、黄梅戏等民俗节目在多功能厅轮班上演。有卫生室 3 家，公安派出所、林业派出所各 1 家。还配有安全员、治保员，确保游客安全。

景点建设 为加快旅游景点建设，宝坪村于 2013 年正式实施《中华人民共和国旅游法》，明确村“两委”在旅游景点建设中的职责。同年，宝坪村“两委”投资 32 万元对乌牛石、瞰家河大峡谷、夏家寨三个景点进行开发。

2014 年，宝坪村“两委”结合本村实际，根据《中国旅游公共服务“十二五”专项规划》，编制本村旅游公共服务设施发展规划，新建 2 个生态茶园旅游基地和 2 个垂钓休闲中心。几年来，旅游流量逐年增多，旅游收入也逐年增加。

“农家乐”建设 宝坪远离城市，绿化好，空气好，无污染，是建立生态餐饮的理想场所。至 2015 年，村“两委”结合宝坪村实际，并根据游客数量，在交通便利的景区建有虎形茶叶山庄“农家乐”，险峰水库、小朱湾水库垂钓中心“农家乐”，花屋茶叶、桃林休闲山庄“农家乐”。一次可接待 200 人食宿。

“农家乐”建筑因地制宜，以农户建筑住房为基础进行适当装修布局，以家庭为单位，不求全，不求大，主要体现“家庭”的形态。农民主要是通过自家的良田、果园、庭院、鱼塘、牧场等展示农村风貌、农业生产过程、农民生活场景，通过展示吸引旅游者；以简单的农事、农活为依托，如采摘、推磨、苗木盘扎等，让游客乐在其中，“乐为魂”发扬光大“农家”的文化内涵，结合宝坪特色文化，如农民喜闻乐见的花灯、扇子舞、山歌、龙狮、说鼓书、梿枪舞、讲故事等，充分体现农村、农业、农家、农民的乡土气息，使“农家乐”旅游既充满魅力，又突出绿色、环保、休闲、娱乐等特点，实现可持续发展。

宝坪“农家乐”的服务重点落实在“卫生安全化”和“菜肴本土化”。厨房制作生菜与熟菜分开放置，饮用水源和清洁水分开，面粉、米、油、调料等储藏间也要防潮、防鼠、防霉变。菜肴主要以农家菜为主，突出宝坪民间、农家的特色，立足本地，就地取材，尽量采用农家特有的、城里难以见到的烹饪原料。除了农村特有的土鸡、土鸭、老腊肉以及各种时令蔬菜外，还广泛采用各种当地土特产。“农家乐”主食也充分体现出农家的特色。例如，“农家乐”的米饭不是纯粹的大米饭，一般做成诸如“红薯饭”“锅巴粥”“腊肉豌豆焖饭”“红薯（或南瓜）焖饭”“豇豆（或萝卜丝）焖饭”，等等。这些饭既有农家特色，又好吃，而且成本不高。“农家乐”的小吃和面点与城里不一样，是搞一些诸如手擀小麦面、豆粑、米发粑、荞麦粑、毛香粑、蒿蒿馍馍、粽子、土豆饼、红苕饼以及煮玉米、烧红薯、煮土豆之类的小吃和面点。

交通建设 优化道路交通是发展旅游业的重要物质条件，宝坪村先后投资 100 多万元，修建通往景区的水泥路。2013 年，修通至夏家寨半山腰公路。2014 年，修通至墈家河大峡谷口水泥路。

2012 年宝坪村旅游业刚刚起步，年旅游项目总收入达到 10 万元以上。随后，宝坪村逐年加大投入，不断扩大景点，整修古建筑。至 2015 年，宝坪村旅游业收入提高到 120 万元。

业务人员培训 从 2012 开始，村“两委”先后培训多个专业技术岗位，主要有导游 12 人、景区景点讲解员 5 人、旅游产品营销与研发人员 8 人、景区规划与开发人员 10 人。培训经营业务岗位人员 17 人，其中计调 4 人、旅游路线策划员 5 人、外联销售人员 8 人。培训经营管理岗位人员 10 人，其中旅游财务人员 6 人、旅行社经理 4 人。

为保证宝坪旅游事业的健康有序发展，村“两委”制定一系列规章制度。如《宝坪村旅游管理规章制度》《宝坪村旅行社内部管理制度》《宝坪村旅游工作人员考勤管理制度》《宝坪村旅游安全管理制度》《宝坪村旅游景区管理制度》等。

山川景色（2018 年）　　陈达华　摄

赵文楷家族

赵文楷（1760—1808），字介山，号逸书，安徽安庆府太湖县北中镇宝坪村人。清嘉庆元年（1796）高中状元，仕至山西雁平兵备道。嘉庆十三年（1808），因病卒于任，终年48岁。光绪二十三年（1897），骸骨由山西雁平道运回故乡安徽太湖县，与妻、妾合葬于景宁乡人形山。1982年经省批准，其墓被列为县级重点文物保护单位。赵氏家族，从赵文楷到赵朴初，六代翰墨，风骚相传。

赵文楷画像

祝厚林　摄

“元年状元及第”印现存太湖县文物管理所

祝厚林　摄

◉ 翰林传奇

一个直系家族，连续四代翰林，这在中国历史上是少有的。

这是一个属于太湖赵氏家族的翰林传奇。

第一代翰林　四代翰林的起始，是赵文楷。

赵文楷生于乾隆二十五年（1760），少年家贫，6 岁初入蒙馆，聪颖过人。祖父赵象贤从四川回到家，问及学业，指窗外树枝上百舌鸟命题。赵文楷立即吟出一首五言诗：“桃花红未了，百鸟闹春晓。能做百般声，枝头压众鸟。”7 岁时作《咏荷花》诗：“一叶复一叶，千枝更万枝。昨夜沾雨露，开遍凤凰池。”10 岁那年重阳节龙山会饮时，赋诗二首，有“……龙归一潭静，落日万山秋。急管惊栖鹘，长歌和饭牛……”之句，生动地描绘了龙山宫的景色。可惜当他人生刚起步时，乾隆四十三年（1778）、四十四年（1779），父亲、祖父相继去世，家境一贫如洗，无奈，母亲不得不去做佣人。父亲死后无钱举丧，厝于西园内 7 年才下葬。十八九岁的赵文楷只能辍学，在家边自学边从事农耕。为了摆脱贫困的生活，赵文楷唯一的希望就是寄托于科举。乾隆五十三年（1788），赵文楷通过了江南乡试。嘉庆元年（1796），通过殿试，中了状元，授翰林院修撰、实录馆纂修、文渊阁校理。

位于东海的琉球（今日本冲绳县），在隋代时就建立了中山国。清乾隆五十九年（1794），老国王去世，其孙尚温继位。按惯例，琉球国王即位必须经大清皇帝册封。嘉

中山国林苑（2016 年） 祝厚林 摄

趙母潘太夫人壽序
琉球中山王尚温撰
嘉慶四年八月十九
日狀元及第翰林趙
老先生膺 皇帝之
俾錫臣温而命先生
簡命充 册封之正
使 皇帝復灑宸翰

中山王写赵母寿序 祝厚林 摄

庆四年（1799）八月十九日，经殿议选定赵文楷为大清正使，赐上卿蟒蟒服、白玉带，领圣旨前往琉球国。正当赵文楷为册封事准备行程，太湖家中来信，告知其母潘老夫人病重，为尽孝道，赵文楷向皇帝请假回乡省亲。嘉庆五年（1800）五月初七，赵文楷使团一行在福州举行祭礼后，开船直航琉球。船出五虎门，忽遇东海风云骤变，雷雨交加，惊险殊甚。后历时五昼夜，于十二日抵达琉球。中山国王尚温率官员和百姓在那霸港迎接使团。七月二十四日，正式举行隆重的册封加冕大礼。日出三竿，“瑞泉”“刻漏”两座王宫大门开启，仪仗队整齐排列，鼓乐齐鸣，庄严威武。赵文楷着正一品蟒蟒礼服，登台宣读嘉庆皇帝的册封诏书，并代表皇帝赐给中山国新国王王冠、锦袍、玉带。接着宣布对宰相及司法官员的任命，对诸王妃分别赐予各种精美礼品。大礼告成，琉球举国上下一片欢腾。

礼成后，住了三个月，因母七十寿诞将届，只得返归。临别时，中山王到驿馆送别，并赠以金扇，文楷拒赠。赵文楷在出使琉球期间，不但自己廉洁自律，还要求随从人员尊重当地居民的风俗习惯，友好相待，因而深受琉球君臣的好评和爱戴。

赵文楷本可回京复命接受封赏，孰料刚一上岸入馆，即闻噩耗，原来家母潘老夫人已于三月二十日病逝。肝肠寸断的他，“号泣奔驰，哀感行路”。回籍后，于黄泥塝筑独秀草堂，坚持守孝三年。

嘉庆皇帝在赵文楷回国后，为表彰他的廉洁，为赵母撰祝寿诗，赞颂赵母教子有方。直至嘉庆八年（1803），丁忧期满，赵文楷再入翰林院。嘉庆九年六月，以京察一等简授山西雁平兵备道（辖三州两府，驻代州，即今代县）。本来“自海外归，心往往而悖，言笑异于他日”的赵文楷，现在又王命在身，远离京畿故里。雄关巍巍，王事鞅掌，未及四载，赵文楷于嘉庆十三年（1808）三月初三日遽卒于任上，年仅 48 岁。赵文楷为官清廉，身无余财，棺椁难归。时山西布政使金公与赵文楷有同乡之谊，喟然谓其同僚曰：“赵观察（清代道员的俗称）唯饮山西一杯水，今棺椁不能归，君等忍坐视耶？”诸公纷纷解囊赠送赙仪，王夫人（1783—1862，山东聊城庠生王虎文女，生女惠贞，子畯、畇）才得以扶柩归里，停厝于望天宝坪。直到 35 年后，赵文楷遗腹子赵畇考中进士两年后，赵畯、赵畇兄弟二人方同族人公议，将其遗骸安葬在望天华光村仙人打坐山。今墓、碑俱存。1982 年经省批准，赵文楷墓列为县级文物保护单位，1998 年又列为省级重点文物保护单位，并载入《中国名胜大辞典》。

第二代翰林 赵氏的第二代翰林是赵文楷的第三子赵畇。赵畇（1808—1877），字芸谱，号岵存，别号遂翁。幼孤，为赵文楷遗腹子。赵文楷去世后，王夫人原本生活清苦，又遭分家变故，后得赵文楷故旧解囊相助，才使赵家生活状况有所好转。为使家学得以延续，寡母王夫人不惜变卖家产，延聘当地名儒授诸子读书。

赵畇不愧为状元的儿子，从小就颇有才情，擅书写对联。21 岁时，曾携友至县城外智果庵读书。庵旁有前任太湖知县李世洽葬爱妾昙云墓，墓门上刻有李世洽亲手所书的一副对联：“云端无寄，偶为山川留玉佩；春归何处，可堪风雨问桃花。”赵畇有感而写成一联付庵僧：“青冢依然，何处问美人香草；红尘不到，此间有流水桃花。”可略窥其雅趣与才华。

28 岁时，赵畇中顺天榜举人，34 岁考中进士，选翰林院庶吉士。

在翰林院期间，赵畇多次参与编纂官修史书，编写《漕运史》、《宣宗皇帝实录》（稿本）等。由于勤奋敬业，人品端严，咸丰帝特旨简拔赵畇为上书房行走，被授皇子贵胄读书。值得一提的是，赵畇创议编辑《筹办夷务始末》。“欲取当时一切陈奏，悉行抄录，不遗一字，亦不更一字，汇成一本，名目‘筹办夷务始末’，进呈乙览，以备检查”。由于该书监修总裁官是咸丰帝师、协办大学士杜受田，后人多认为编撰该书出于杜的建议，因此赵畇之名被杜所掩没。

当时太平军起义，不久席卷东南、清军节节败退，局面不可收拾。咸丰三年（1853），太平军占领南京，改名天京，与清王朝南北对峙，分庭抗礼。清廷不得已实行坚壁清野，令被兵各省自办团练，以剿灭太平军。据《清史稿・吕贤基传》，工部侍郎吕贤基赴皖主事，“奏调给事中袁甲三、知府赵畇帮办团练防剿，又调编修李鸿章等襄军事”。于是赵畇以广东知府衔，不久又升为道员衔帮办团练。赴皖后，赵畇奔走于团练事务，制定《团练章程》六条，刊播各处。据民国《太湖县志》，当年四月，赵畇回到故乡太湖创办团练，太湖有团练从赵畇开始。

咸丰四年（1854）初，赵畇染病，在袁甲三营调养。当年十月，太平军与清军在太湖县城外激战，城破，清官兵千余人被杀，太平军占据县城，当时赵氏家眷因避于赵家河而得免，但家中藏书数千册被烧毁。时袁甲三与安徽巡抚福济互相攻讦，李鸿章出入锋镝，积有军功，反遭妒忌。赵畇深知安徽的局面复杂，难有作为，便于咸丰六年（1856）请调出任广东惠潮嘉道。

甫到任，赵畇捐俸集资，力倡修堵海阳县（今汕头市潮安县）潘刘堤决口，得到地方官民积极响应。翌年五月堤成，乡绅集议论公堤，被赵畇拒绝，仍用旧名。其次创办义仓，用来稳定谷价，救济饥荒。又率兵英勇打击地霸，维持地方秩序。赵畇这些有益于人民大众的措施，在潮汕地方志里可见记载。

同治元年（1862），王夫人病逝于长沙，赵畇奔丧至湖南，又将母灵柩运回太湖望天，与赵文楷合葬于仙人打坐山，捐款买田，于宗祠旁建义庄安和堂。

同治二年（1863）十二月，55 岁的赵畇将 26 岁的次女赵继莲（即赵小莲）许配给时任江苏巡抚的李鸿章，为是年 41 岁的李鸿章的继室（李鸿章原配周氏 1821 年生，1861 年去世）。赵继莲在同一辈中排行第八，又叫赵八小姐。

同治三年（1864）十一月，赵畇到安庆，借李鸿章之弟李蕴章房暂住。十二月，买怀宁杨汝谷天台里旧第建赵府（1861 年 9 月 5 日曾国藩攻陷安庆后，曾在此设外江粮台，在今安庆市天台里北巷 44 号，此处即后来赵家在安庆的状元府）。

同治四年（1865），赵畇妻韦夫人、长媳、次媳相继去世，仅四年间，三世四棺，甚感凄惨，不禁万念俱灰，决意退隐。便以天台里赵府边空地，构屋数间，自此不问世事。

晚年，赵畇“优游林下者十六年，闭户罕通外事，惟以读书临池自遣”。主讲敬敷书院，奖掖后进，孜孜不倦。多年以后，其孙赵曾重亦主讲于敬敷书院，成就斐然。光绪三年（1877），赵畇病逝于安庆。

著有《遂翁自订年谱》一卷、《遂园诗律诗抄》四卷、《重修潘刘堤碑》一卷、《遂园诗抄》六卷。《遂翁自订年谱》对其一生经历记述甚详，是研究赵畇本人和赵氏家族及地方史的重要资料。

赵畇

如果说，赵畇在中国历史上不算有名，但提起他的女婿李鸿章，可就是在近代史上鼎鼎大名的人物了。在安庆市岳西县，发现了一套李鸿章亲笔题写的贺寿匾额，内容是为岳父赵畇六十大寿祝寿。赵畇1808年生，按皖江风俗，男过“九”，不过“十”，匾额应该写于1867年。该年，李鸿章任湖广总督。

楠木贺寿匾额三块，一块大匾额宽48厘米，两块小匾额宽24.5厘米，高86.4厘米。红底金字，李鸿章的贺诗云：“获选替乘龙，感恩忝床东。旧梦廿馀载，依稀如昨辰。案牍劳形色，惭颜拜寿翁。愿奏长生乐，岁岁享天伦。”李鸿章给岳父的贺寿联有“青云大展摩天翼，泰岳频添献寿诗。小婿少荃李鸿章拜贺”等字样。匾文中的“旧梦廿馀载”，指赵畇答应招李鸿章为东床，已经二十余年，不是说招李鸿章为女婿已经二十余年；“案牍劳形色”，指李鸿章本人身为总督，十分繁忙，疲劳而憔悴，不来当面拜寿了。

第三代翰林　第三代翰林赵继元，是第二代翰林赵畇的长子。赵继元，生于1828年，字梓芳，号养斋。22岁成拔贡，32岁中举，41岁中进士，选翰林院庶吉士。同治十年（1871），赵继元散馆考试，“出韵，列三等”，未能留馆，出为知县。后捐补道员。同治十二年（1873）分发江苏，先后供职于督署营务处、筹防局、两江军需总局。光绪元年（1875），赵继元将女儿赵喜官（“曾”字辈）嫁给了李鹤章次子李经羲（曾任北洋政府国务总理）作原配夫人。李鹤章是李鸿章的弟弟，李、赵两家亲上加亲。赵喜官（1859—1929）这年才16岁。光绪十六年（1890）以后，赵继元又在两江营务处供职，并在江宁（今南京）棉鞋营筑室定居，卒年大约在光绪二十一年（1895）至光绪二十二年（1896）之间。

赵继元著有《静观堂遗集》二卷，其中诗、文各一卷。内容多涉及咸丰乱事，颇具史料价值。时人冯煦评价其作品曰：“诗质而不野，丽而不纤，出入于眉山、剑南间，而能自摅。其性真之所蕴于世运陵迟，民生凋敝，尤慷乎言之。文亦如其诗，中虽吉光片羽，其必传于后，无疑也。”此外，他还曾主持修纂同治《太湖县志》。

继元妻王氏，名梦兰，字畹芬。著有《三十六鸳鸯舫存稿》，今已不存。传闻手稿流落于日本，但至今无下落。王氏待字闺中时，便时常吟诗作赋，以自励自遣；嫁与继元后，更是此唱彼和，怡怡如也。其所作律绝，前后不下千首。惜逢战乱，于举家避难之际、困苦流离之中，诗稿遗落殆尽。战乱过后，王氏体弱多病，偶尔吟哦，亦未遑录存。其残存诗稿后经女婿李经羲（李鸿章之弟李鹤章第三子）及李经羲之子李国筠（亦为继元孙女婿）收集，由国筠手书付梓。其诗大多借景物抒情，清新秀丽，笔触哀婉，耐人寻味，颇有清照遗风。

李国筠在赞美王梦兰诗词时曾云："先外姑赵太夫人王氏，女红余闲，兼通韵事，归余外舅，此唱彼和，所得律绝，不下千首。隶乱作，挈家避难，困苦流离，旧稿尽失。乱后多病，强一拈弄，句成辄弃，不复存……"

第四代翰林　第四代翰林赵曾重，是第三代翰林赵继元的儿子。赵曾重（1847—1912），字伯远，号蘅甫。幼年随家转徙南北。同治五年（1866）入县学；同治十年（1871）举优贡生；同治十年（1871），辛未科江南乡试举人；光绪二年（1876）丙子科会试中策优贡生，因假未殿试。光绪六年（1880），庚辰科补殿试朝考被取第二甲第七十九名进士，入翰林院庶吉士，加五品衔，赏戴花翎。光绪九年（1883），散馆，授翰林院编修。历充国史馆纂修、武英殿协修、纂修官。光绪壬辰科会试同考官，庆典撰文加四品衔。

清同治、光绪时期，翰林名额增多，每科常八九十人。人数多，职位少，因而编修、检讨十多年仍不晋阶升级，也是很平常事。本来，赵曾重与翁同龢相国、潘祖荫尚书有着世交情谊，权势显赫的李鸿章又是其姑父，凭借这些关系想谋个一官半职，也不是难事。然而，赵曾重不愿意这样做。

赵继元　　赵曾重

光绪二十一年（1895），赵曾重退隐回到安庆，担任敬敷书院（安庆师范学院前身）主讲，除躬身教育事业外，亦热心于社会公益，还积极修路建桥等善事。光绪三十四年（1908）与地方乡绅共同禀请省政府修筑铁路。

1912 年病逝于安庆天台里府中。著有《味琴山馆集》。后惜散佚于战乱之中。

连续四代翰林，是赵氏的传奇，也是中国科举文化的传奇。赵氏后辈优秀人才众多，更是出现了著名社会活动家、杰出的爱国宗教领袖、第九届全国政协副主席、民进中央名誉主席、中国佛教协会会长赵朴初等优秀人物。

◉ 家族作品

司空山赋

赵文楷

自太极分，而天垂星象。阴阳奠，而地列山川。凡遇山辉而水湄，所当登望以盘桓。惟兹司空，部分前后，位镇西南，左连七泽，右控三山。列爵于六卿之内，峙形于五岳之间。曾遗唐王之敕，未经秦始之鞭。云里金汤巩固，空中铁笔回环。亶矣，熙城保障，卓乎，皖国屏藩。维时三春将暮，百卉争妍。呼童六七，偕友二三，先向团山而主止，继登碎玉以遥看。石人兮亭亭双立，罗汉兮济济班联。大士凭空而显圣，仙人炼石以烧丹。望朝天而追思安抚，观赤壁而寄笑曹瞒。孤峰将断，翠岫连环。城堆石砾，路夹松杉。由之字而登古寨，从横径以越巉岩。龙探头于丹砂之上，牛悬鼻于怪石之前。一路芝兰有味，满山桃李无言。方回绝壁，倏见禅联。佛堂叠叠，宝刹悬悬。石上长流翰墨，枝头长就蒲团。春池落花而有草，南崖将雨以飞泉。幽鸟常啼常住，淡云时往时还。照开欲海山为烛，渡尽迷津石做船。台上讲经，自昔天花散雨；乳泉翰墨，至今溪水生烟。未几，日归桑榆，月上雕栏。遥望银河，潭底依稀沉皓魄。静闻北岭，林间仿佛弄丝弦。夜眠半榻，早上二尖。远盼朝阳石，徐登插碧巅。极目穷千里，抬头近九天。始觉乾坤大，方知宇宙宽。栩栩然欲醉，飘飘乎欲仙。爰立古寨下，方历宝刹前。洞中石做佛，门外水为帘。累月坚冰不解，片时化日何难。于是采薪，以召阳春入谷。呼朋引类，偏为寂寞以开宴。斜转观音之洞，仰瞻馒头之庵。欲把阳春采，频将古树攀。从二祖以绕三祖，过白莲而访青莲。香流汗墨，竹耸琅玕。屏风苔染画，魁星笔似椽。蝌蚪留仙迹，风流忆昔贤。览之胜境，令我悠然。遂乃堆石做案，坐花为毡，诗即成而情难尽，缶虽罄而兴未阑。经之营之，准拟堂开异日，载笑载言，宛然人会当年。观其止焉，乐莫大焉。嗟夫！山川有趣，光景无边。求利者熙熙道路，争名者役役朝端。致令景多淹没，皆由人事迍邅。虽曰城中之崇隆，不知其有几。而司空之蕞壤，亦是以备游观。惟期同志之君子，勿以登高而却步。需从拾翠以遥临。遮乎人以景而增乐，景因人而益传。安知后人之羡慕，不知今日之流连也哉！

杂剧《菊花新梦》[①]

《菊花新梦》是赵文楷写的一篇9000多字的小杂剧，剧情简单：一个书生，住在山中，虽有满腹才华，却无科名进身。书生十分仰慕陶渊明的为人，爱菊恋酒。秋风起，秋雨落，满地菊花开放。书生面对满地黄花，心生无限感慨，把酒抒怀，不觉醉卧花下。梦中，菊花仙子感念书生的知遇，特地来拜访，二人话谈，书生问起功名事，这让菊花仙子不以为然，劝说书生不要斤斤于此。须知功名转眼即空。书生醒来，方知是梦，由此彻悟，从此与花酒为伴。

赵文楷表兄潘大济（太湖县牛镇镇人）为《菊花新梦》作序，称赵文楷："性既不羁，才复杰出，凡所为诗古文词，踔厉风发，同辈皆敛手避其锋。间以其余，演为《菊花新梦》数阕，豪情胜慨，轶俗离尘。"从《菊花新梦》中，也可窥赵文楷的杰出文才，这里录其开头部分：

（末道服，执麈上）

［南吕引子一枝花］箪瓢颜子巷，尽日无人访。怪清光帘外满，竹稍长。落叶萧萧，梦里敲书幌，雨声多，风又响，收拾了残秋，却报道黄花又放。

（云）门掩苍苔午未收，淡云随雨过东篱。芦帘苇阁萧萧梦，黄叶风多冷不知。老夫乃无住山组人氏，生于有道之年，徒作无闻之士。身世多歧，姓名可隐。饥来驱我，餍心自有琴书；热不因人，冷眼视犹秦越。心窍九百六十，着处皆空；毛孔八万四千，看时并露。只留着闭不合，睁不开，额上一泓银海，则无奈磨不磷，凿不破，胸中十仞青山。生平单慕陶渊明为人，因自又号陶居士。看来只是学问不如，若论境遇之穷，也就比陶公差不多些。更有一件，陶公嗜酒，老夫除却病来，却也衔杯不放。陶公爱菊

① 余世磊主编：《风韵太湖·戏曲卷》，黄山书社，2014年。

花，老夫听说人家有一株两株，也便追寻不倦。

（笑介）陶渊明，陶渊明，非是俺事事学你也。只是适性陶情，不觉暗合了。

这几天，菊花已盛开，不免到篱边散步则个。

（行介，唱）[南吕过曲宜春令] 东篱下，半斜阳。

（云）呀！诸般花草都已干没了。

（唱）众芳菲，零飘惨伤。

（云）数日不曾出门，菊花开得恁般灿烂。我竟不知。

（唱）冷香幽蕊，把十分秋色权时掌。怪楼头，一夜西风，剪遍了黄金万状。

（云）不但黄的黄得好看，还有白的、紫的、浅红的，都有碗口来大，真正可爱呀！连这个蝴蝶他也飞来飞去，总不肯离。

（唱）看冷蝶悠扬。

（云）似我老人家。

（唱）对菊徘徊半晌。

（云）这一枝叫作锦心绣口，已经大放，不免折取一枝回去。

（折花，行介，唱）[太师引犯] 细端详，这花休轻放，待插着白头，则怕花儿感伤，只合向瓶中供养。

（将花插瓶介，唱）与幽人几席排行。

（云）对此好花不可无酒。咳！我想当年陶公，正值重九日采菊篱边，无从得酒，正在踌躇间，忽然见一白衣人远远而来，近处看时，不是别人，乃是江州太守王宏亲自前来送酒。陶公大喜，因而倾壶共酌，大醉而归。那日好不潇洒，好不兴头，比如今日为太守的，那里还把一个寒士放在眼中？莫说后人不及陶公，便是陶渊明复生，这王宏却也难得的了。说到此间，不免酒兴发作，怎么了得？

（内云）酒到也，有一壶只是沽来的村醪，未必中饮。

（末拍手，笑介，云）呀！呀！妙得紧，当日东坡夫人藏斗酒以备不时之需，我那山妻晓得去在此要酒，也就凑兴。

（取酒，自斟自饮介，唱）[前腔] 倒漉着倾壶佳酿，才消受娇娆情状。

（云）我想若无此花，这秋天也太寂寞了。

（唱）休抛浪，梁园菊不黄；看今古，怎经他冷烟疏雨而几重阳。

（又斟酒饮介，云）别的花或取其艳，或取其香。这菊花啊，则是逸韵孤标，使人尊重。

（唱）锁窗寒，没包弹。一任风霜淡，丰姿不慢藏。

（云）菊花，菊花，则被俺看煞你也。

（唱）眄盈盈，兜的系我心肠。若教解语，擎奇在掌。

（又斟酒饮酒介）怎教人不倾瓶盎？霎时衣袂变清凉，月寒山色苍苍。

（云）竟醉矣，且隐几而眠。

夔斋姻伯暨德配胡安人八十双寿序①

夫紫瀛云丽，曾添碧海之筹。丹溜春融，乃注青城之籍。则必神游霄霓，爇瑶鼎以炼，臧真葆炀。和茂瑰华，而吐颖用。

能沉珠引耀，授秩传经。期羡齐龄，偓佺俪竿。然而芝田菊水，隐淳闉之清尘；玉篆金科，秘灵虚之真录。何则，道腴自味，古趣克敦，方不藉乎。九环歌自永，其三乐如我。

夔斋姻伯大人，绅居华胄，晋佩名门。旗铃之徵，早奇于在孕。蹬璒之协，久著于方孩。固已岐嶷，夙彰神采。懋扇朗月，入抱驯风，被人泊乎。裘衍弓贻，书当楹授。十行在目，双管从心。偶试文章，便超流品。咸以花生翰墨，何难芥拾科名。辄谓：皇路驰驱，无暇寝门问视也。园廛区画无殊，巘陛匡襄也，与其陈令之情，何如养曾元之志。与其捧毛义之檄，何如舞莱子之衣。虽需次分州，依然杜门扫。所谓移忠作孝，葆淡于真而乎。且夫，溥施济者，仁之方。均有无者，古之谊。昔寇莱公，宾通千里，而布衾终身。范文正，泽洽三吴，而断韭明志。盖浓于道者，淡于财也。厚于人者，薄于己也。

先生既履厚而席丰，亦处泰而弥约。取赢取敝，不坠其霜情；概节概中，自坚其冰律。疏帐缥被，架少储衣。白苋紫茄，案有常馔。以大门法，以导福源。又俭以济仁，积而能散。发德丰之仓廪，出元则之家赀。道路载其仁声，戚里荷其润泽。济人筏广，煦物裘宽。阴德犹之耳鸣，善端无不首唱。或力能支厦，则子敬之指囷；或腋可成裘，则阿难之托钵。望茂林而就荫，树是菩提；挹行潦而思源，水真功德。柳州在郡，将姓为名；叶公入郊，望君如岁。以古方今，何多让焉。

① 摘自《祝氏宗谱》重印本，2015 年。

先生以玉瑟之身，重珂乡之望。言游作宰，愿识澹台。固舍无私，虽王彦方德度，夙服里中；而徐孺之履声，未闻户外。闲出于绪，发为雅歌。是又卫武公之耄耋，陈翁兼以邵康节之太平。击壤所由，保淳固敦庞之气衍曼。祺洪竿之休，测归厚之门。溱溱集庆，瞻累德之里；罨罨考祥，美意延年。修德养寿，杨椿则五世同堂，裴宽则八院对居。游寿宇以含和，荷荣章以锡祉。

德配胡安人，恪恭教子，淑慎持家。庄鸿案而齐眉，挽鹿车而共臂，并以荣福绵及后昆。子舍蜚声，龙文凤采。孙枝擢秀，芝畹兰畦。笙磬同音，柳槐齐列。行见芹香春水，桂艳秋风。虎榜扬芬，科名草盛。鸾泥赍宠，旌节花明。凡兹难觏之休征，可作降祥之左。畇茑萝叨附，夙仰仁风。乔木高迁，欣逢寿月。指南山而介祉，不数汉家万石之隆。酌东海以称觥，敬上洪范九畴之颂。

诰授中宪大夫署广东按察使司姻侄赵畇顿首拜撰

赵氏诗词选录

赵文楷作品

放榜

人生志气在高科，什么文章奈我何?
书读五车还嫌少，诗吟万卷不为多。
九曲黄河为砚水，五岳名山当墨磨。
若得青天为白纸，行行写下太平歌。

右克斋即次来诗原韵寄家书

高堂漠漠双垂鬐，弱弟恫恫五尺身。
每恨黄昏常寂寞，更怜儿女共清贫。
凉风朔雪三千里，破屋颓垣四五人。
迢递关山劳极目，不堪重忆一沾巾。

蒙馆受窘

四方歙砚一池水，压住黄龙不摆尾。
若得春雷一声响，黄龙直上九霄飞。

游西风洞夜宿狮子庵

古寺云深处，扪萝问牧童。
鸟盘秋色外，人语暮烟中。
厨盖千年石，岩呼半夜风。
暂抛尘梦去，禅榻一灯红。

七律・宣城五日

独依危楼望眼醒，轻寒微雨昼沉冥。
一春花事愁中尽，五月鹃声梦里听。
南浦离离芳草绿，西山漠漠晓峰青。
他乡五度蒲觞节，自笑年来逐浪萍。

七律・游辨岳

平生恨不陟昆仑，岂料扶桑看晓暾。
山鬼一祠秋祭祀，海天五阜汉屏藩。
蓬瀛楼阁言皆幻，泰华儿孙势亦尊。
三百年来余战垒，鼎分遗迹竟何存。

奉命册封琉球国王留别都中诸友

沧溟东去是琉球，飞楫来迎使者舟。
万里鲸波劳远梦，五回龙节下炎洲。
直教薄海霑皇择，敢谓乘风惬壮游。
辨岳山头回首望，紫云天半护神州。

五月初七日开洋

旌旗鼓角动黄昏，使者楼船出海门。
万里有家迷远梦，一身如叶去中原。
云来岛屿形疑似，夜静鱼龙气吐吞。
珍重此行劳圣虑，莫将奇险更轻论。

舟出五虎山

漭荡浮元气，微茫接太空。
天风吹浪碧，海日射潮红。
五石疑蹲虎，三山不渡鸿。
余心随挂席，已逐百川东。

渡海放歌行

朝登南台舟，暮发五虎门。
长风猎猎西南来，海天一气羲娥昏。
手持龙节向东指，一别中原今始矣。
借问何时却复还，海水直下千万里。
黑沟之洋不可径跨，雷隐隐兮在下。
龙之来兮从如云，天吴海若争纷纷。
雨翻盆而直注，浪山立而扑人。
坎坎兮击鼓，锤大豕兮投肥羜。
兵戈林立炮声轰，长鲸戢尾茹不吐。
忽雨霁而天开，见姑米之一柱。
谁信沧海深，沧海终有底。
正如地中覆杯水，不然安得有此山。
我行正在地中耳，蓬莱瀛洲方丈山，
山山相同虚无间。徐福一去不复还，
秦皇汉武何神仙？人生不死亦何有，
不如生前开笑口。一时忧惧徒劳心，
安问千秋万岁寿？东海有螺剖为樽，
注以松醪容一斗，回头更语神仙叟，
醉中少异壶中否？琼浆玉液吾何为？
但愿此海成春酒。

十一日见姑米山

三日天风便，遥看姑米山。
五峰排水面，一线出云间。
远目真空阔，狂涛若等闲。
舟人齐举首，惊喜破愁颜。

游中山王新辟南园

南园台馆郁嵯峨，千骑游行载酒过。
海上烟霞丹嶂远，山中草木白云多。
蛟宫夜静惊灯火，锦石秋深媚绮罗。
欲向洞元探玉玦，未知蓬岛近如何。

七月二十四日行册封礼口号

曈昽晓日馆门开，谒者传呼彩仗来。
一道祥光东去疾，天书已过望仙台。

海东十丈红云起，照见波涛万顷丹。
行到七星山顶上，万人回首一时看。

过那霸人家

编蒲席地竹帘栊，六扇屏开面面风。
一种清香消不得，佛桑围在蛎墙中。

七律・赭山一览亭有怀潘筑岩

楚天回首路漫漫，尽日幽忧集百端。
一别故园空怅望，独来歧路历艰难。
日沉大壑千山黑，江转孤城五月寒，
潘令闲居应有忆，无人为我报平安。

使馆楼中

海云漠漠树苍苍，楼对平山一桁长。
雾隐帘前无鸟雀，潮来窗外有帆樯。
钟声隔院丁咚响，花气巡檐自在香。
高卧绳床消永昼，此身忘却在殊方。

留别中山王

九月涛声卷暮烟，秋风秋雨怅离筵。
东来沧海疑天末，西去长安近日边。
鸿迹偶留成胜概，蜃楼亲见是前缘。
圣朝中外无遐迩，珍重他年令德传。

中山王至馆送行手奉金扇为别书此报谢

海上暮云合，归潮一夜生，
青山离梦在，落日故园明。
拜赐诚无已，珍藏未敢轻。
由来溟渤水，不及主人情。

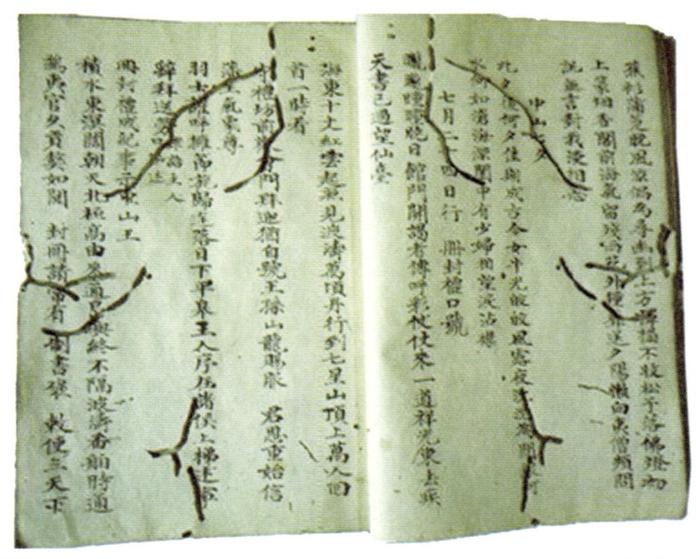

赵文楷手书　　　　祝厚林　摄

赵畯作品

芝田姻丈大人修路告竣

一

种德名门旧，清芬世胄华。
慈祥能造福，孝弟久传家。
棣结联枝萼，萱开益寿花。
如公乐为善，善报正无涯。

二

即此崎岖路，欣看大道平。
鹤廉分俸薄。鸠众聚工成。
仗义期能济，趋公岂为名。
试听行路者，多半是歌声。

三

义举欣然起，筹维独苦辛。
儒能培士气，粟亦拜仁人。
处世原敦义，持家尚守贫。
年高德弥邵，评岂一乡真。

四

久喜芝光接，今惭菲什投。
照人多古道，无量是春秋。
福厚心田种，源长世泽流。
芝兰好培植，岁月任优游。

赵昀作品

园居

长江抱城流，不见江中景。
时从女墙隈，迟迟度帆影。
沙鸟空际鸣，舻声烟外静。
夕阳引江光，明灭高树底。

七律・岁暮抒怀

朔风莽莽荡黄沙，炉爇红煤手自加。
傲骨每惭输瘦鹤，乡心生怕数归鸦。
诗能战冷勤添草，灯似怜人屡著花。
解得逍遥游最乐，不须秋水悟《南华》。

七律・题青灯课儿图

一星灯火数椽庐，为课双雏读父书。
传教不辞奇字酒，诵声长答纺丝车。
云编压架探无尽，蔬食加餐乐有余。
细剔短檠谈世业，愿儿孝德继权舆。

七律・皖中春夜寓楼望月

一

城头吹角月轮高，独倚危楼首自搔。
往日宾朋悲露电，旧游池馆莽蓬蒿。
万家烟火成灰劫，一样沧桑到鬓毛。
野鸟山花浑不解，春来依旧满江皋。

二

江水经年静不波，羽书昨又报麻罗[①]。
城中兵纷销难尽，乱后人才出已多。
涉世忧劳身老大，酬恩心力病销磨。
今来花月春江夜，聊复凭高听棹歌。

清明龙山宴集

一

夹路纸钱舞，家家扫墓归。

① 麻罗，指麻城、罗田。

更携一尊酒，来叩白云扉。
虚槛坐清籁，暮天横翠微。
兴阑下山去，野渡见人稀。

二

云际下苍龙，千年此梵宫。
崖泉半夜雨，樵径一天风。
佛座入潭底，僧厨开石中。
尘襟哪须浣？清磬一声空。

舟中偶兴

岸上人家昼掩关，水禽无数集沙湾。
候鱼镇日沙头立，毕竟闲鸥也不闲。

赵继元作品

题入杏花村问酒图

一

十分春在梢头上，人为沾春镇日行。
最是江南好时节，雨丝风片过清明。

二

相逢便问酒家楼，款段行来得自由。
三尺乌犍一声笛，杏花如火唤回头。

三

一桁青帘郭外斜，茅檐曲折隐飞花。
旁人不识先生醉，解却金貂付酒家。

四

未须曲水流觞去，且向旗亭赌韵还。
帽影鞭丝此行乐，画中人是杜樊川。

遇述

俗氛销尽道心清，莫依微才逐细名。
入世万缘三必戎，生年二十百无成。
锐心且蓄囊中颖，哆口休谈纸上兵。
青史一编方寸地，兴亡胜负各纵横。

陟望天山绝顶

振衣凌绝巘，高与白云齐。
石径修如栈，山田垒似梯。
平畴秧马动，深树竹鸡啼。
苍翠司空色，迢迢望不迷。

秋夜步月西园沁心亭

一

万籁此时寂，秋光水上亭。
风鸣半夜雨，月碎一池星。
宿鹭栖难稳，吟蛩耐久听。
诗成得禅意，读向佛灯青。

二

碧天淡如水，倒影印方塘。
秋入树容瘦，静知荷味长。
园林亦丘壑，碑碣自文章。
暂得劳筋胥，倏然吏隐忘。

此身

此身自有纵横志，敢漫悠悠任笑誉。
放眼试论千秋事，收心还读十年书。
高坚入道才真竭，躁竞求名计转疏。
长啸一声满天地，莫将身世误樵渔。

秋夜

一灯如豆嫩寒生，斜月窥窗不肯明。
满院寒蛰半床叶，搅入清梦入秋声。

王梦兰作品

春日有怀

碧桃花谢雨霏霏，绿遍蘼芜燕未归。
正值怀人独惆怅，不知飞絮满罗衣。

秋花

活色生香夺巧工，依然姹紫复嫣红。
新霑雨露寒塘外，饱历风霜老圃中。
澹远雅宜高士赏，纤秾羞与美人同。
寻芳莫恨年华晚，多少春花转眼空。

王梦兰诗稿封面　　　　祝厚林　摄

七夕

西风阵阵不胜寒，千里关山路渺漫。
闲说今宵会牛女，月明无语倚阑干。

丙辰七夕和外作

一

相望盈盈隔水涯，金风玉露一相期。
情缘终古无穷极，那似人间怨别离。

二

地久天长续旧缘，明河逶迤接青天。
天孙解织云霞锦，忍使牵牛负聘钱。

三

一抹闲云卷似罗，曝衣楼畔望秋河。
何须更向天孙乞，输与诗人巧思多。

四

七香车子促归程，旧恨新愁顷刻生。
莫向西风弹别泪，湘裙来岁伴云行。

赵孟桢作品

芝田姻丈大人修路告竣右诗四章恭颂

一

邑北经溪涨，长途半就颓。
双虹桥欲折，五马辔难催。
几破一身胆，谁成百里才。
惟公能济物，托钵愿修培。

二

皓首经营去，辛勤已一年。
俸翰花县远，功纪竹林贤。
蒋诩同开径，刘琨好著鞭。

阿兄亦何幸，杖履得周旋。

三

浪迹旋归里，都从此境过。
路肠能曲曲，碑口树峨峨。
声颂千家佛，心推一片婆。
生平多积行，宜授孝廉科。

四

乡曲多豪举，何人足此功。
财嗤朱异守，囊叹阮孚空。
纵有能趋事，终非为急公。
贤哉吴季子，慷慨有遗风。

赵继馨作品

恭颂芝田姻丈大人平途工竣

一

善俗由来藉伟儒，多公敏慎守机枢。
艰辛独任真君子，耄耋能勤信丈夫。
荆棘几劳亲手劈，崎岖不治此心虞。
谢公赠有登山屐，踏向春泥坦坦途。

二

轮蹄无限此经过，万口丰碑载道歌。
途有险夷归坦易，俗虽顽敝亦观摩。
济人慈比如家佛，保赤心诚一片婆。
自是祝公无量佛，相期表里共山河。

三

我欲芒鞋踏软尘，班荆道阻倍情亲。
投来药石钦医训，示以周行著德邻。
泛宅好乘三月暮，看山不隔两家春。
须眉尔日无殊否，风雨羊肠极苦辛。

赵曾重作品

赋得千古江山北固多

北固人怀古，登临发浩歌。
江从扬子大，山入润州多。
九派横天堑，重峦绕曲阿。
涛声沉滟滪，秋色压岷峨。
铁瓮千寻浸，金焦两点螺。
干戈空战伐，花月几销磨。
半壁支棋局，扁舟话钓蓑。
皇图超往代，瀛海靖鲸波。

赵曾槐作品

七绝・蛙声

依依垂柳又斜阳，笑语归来路转长。
扑面好风人欲倦，满村吹动焙茶香。

赵氏楹联、匾额、书画选录

赵文楷作品

“东鲁雅言诗书执礼，西京明诏孝悌力田。”

“春气遂为诗人所觉，夜坐能使画理自深。”

“静以修身俭以养德，交不厌旧言不崇华。”

“胸中锦绣三都赋，笔底烟云五岳图。”

“中锦绣三都赋，烟云五岳图。”

“穷养百花惟晓露，能生万物是春风。”

“虚竹幽兰欣静契，和风朗月喻天怀。”

题宿松县小孤山梳妆亭联：

“江光铺白开妆镜，峰影浮青上晓鬟。”

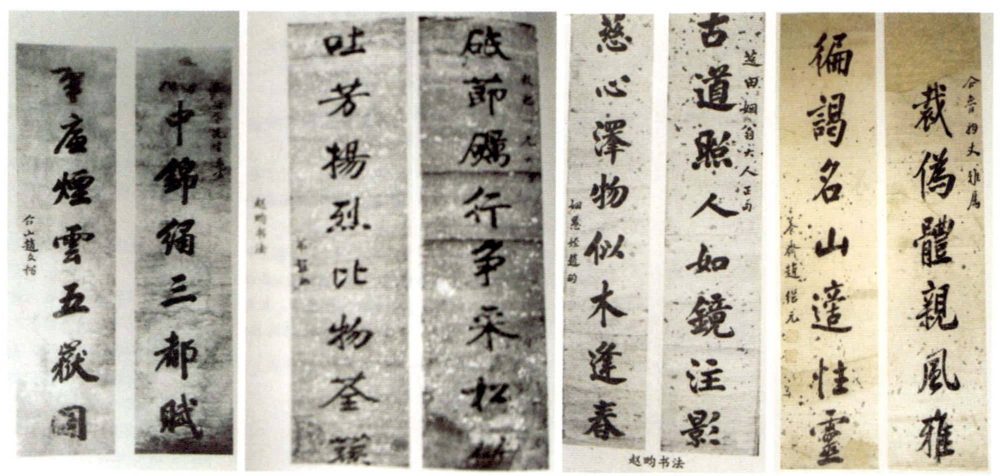

赵文楷书写对联
祝厚林　摄

赵昀书写对联

祝厚林　摄

赵昀作品

“旧学共商量，二三子敬念圣言，群居终日；宏规起堂构，卅四载还温故业，回忆当年。”

“砥节砺行争采松竹，吐芳扬烈比物荃荪。”

“旧书不厌百回读，明月为自满千家。”

赠芝田姻翁楹联：

“古道照人如镜注影，慈心泽物似木逢春。”

赵继元作品

题莫愁湖棋胜楼联：

“赌棋得墅，棋胜名楼，问江左风流，今古英雄同一局；蒋家小姑，卢家少妇，借美人点染，湖山佳话各千秋。”

题清凉山诸葛武侯祠联：

“一战定三分，功在东南，公瑾甫能成霸业；二难羁异国，名齐龙虎，子瑜端合祔祠堂。”

题刘省三河楼联：

“山围故国，潮打空城，邀月到楼头，尽六代沧桑，都分付一声长笛；画栋云霏，珠帘雨卷，凭栏望江北，指千重烟树，最难忘三径吾庐。”

《秦淮鸥波小榭》自题联：

“不雩何虹，有雁齿双桥，青舫绿波相掩映；在眉为黛，指螺鬟一角，霏云卷雨总空濛。”

“我亦依楼人，邀笛已成千秋事；谁为载酒客，开尊同看六朝山。”

“别裁伪体亲风雅，偏谒名山适性灵。”

赵继泰作品

“一片云山摩诘画，四时花鸟杜陵诗。”

李鸿章作品

赠恺庵姻兄对联：

“存淡泊怀殊俗嗜好，得雄直气为古文章。”

“画阁凌烟高标回日，金台论士紫府藏书。”

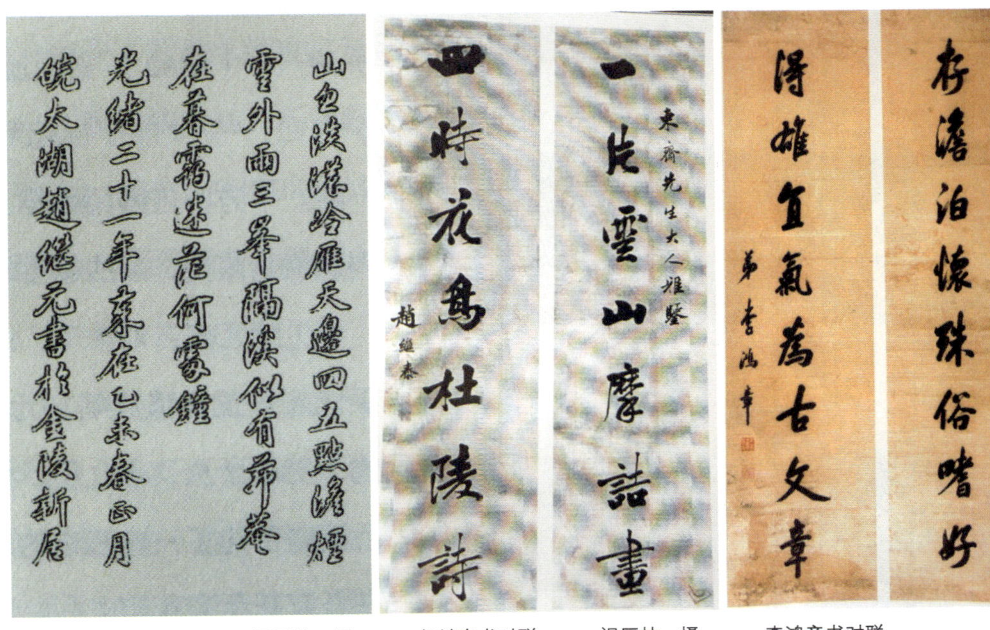

赵继元手书　　祝厚林　摄　　赵继泰书对联　　祝厚林　摄　　李鸿章书对联　　祝厚林　摄

匾额

赵文楷手书匾额，赠给耿家同盟王鹤龄的金字匾云“一乡善士”

祝厚林　摄

李鸿章书　　祝厚林　摄

李鸿章书　　祝厚林　摄

赵昀书写堂额匾额“敬书斋”

祝厚林　摄

赵文楷书

祝厚林　摄

绘画

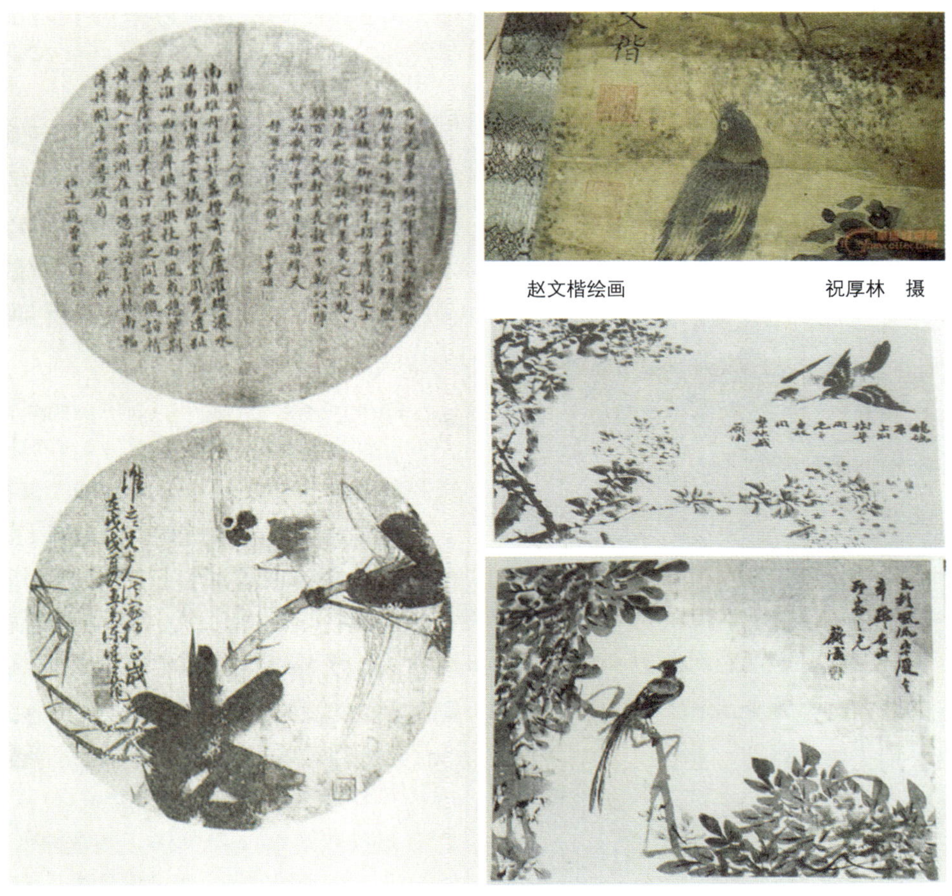

赵文楷绘画　　祝厚林　摄

赵曾重绘　　祝厚林　摄

历史遗迹

赵文楷与妻妾合葬墓　赵文楷与妻妾合葬墓位于人形山（又名仙人打坐山），原为石灰桐油夯筑，圆形，高 1.8 米。占地面积约 100 平方米。艮山坤向，有碑，高 1.65 米，墓碑中书“皇清诰授中宪大夫显考赵公介山老大人之墓”，右书“皇清诰封恭人显妣赵妣张老夫人之墓”，左书“皇清恩旌节孝诰封太夫人显生赵妣王老夫人之墓”，落款书“男孟然、畯、畇敬立”，有碑文。1982 年，该墓列为县级重点文物保护单位；1981 年，该墓被收录《中国名胜词典》；1984 年，该墓由县文物管理所修葺；1998 年，该墓被列为省级重点文物保护单位；2000 年，县文化局文管所又报县计委立项，由城建局规划设计，重新修葺该墓。墓冢后建造了一面长 30 米，高 2.8 ～ 1.5 米的弧形挡土墙，墓碑两侧栽有水杉、松柏，墓前有两层石坝护卫，并有公路通往墓地。

赵文楷家族古墓 赵文楷祖父赵一泉墓位于宝坪村象形山，有碑上书“清敕授登仕郎祖考赵公一泉大人之墓”，有碑文。赵文楷祖母马夫人墓也位于宝坪象形山，有碑，上书“清孺人赵母马老夫人之墓”。

赵文楷父母之墓位于宝坪荞麦冲，由“状元桥”经过，到墓地，墓为“甲山庚向”，有碑，上书“皇清例　授修职郎贡生封　孺人敕赠承德郎翰林院修撰加三级封太　安人诰赠中太夫封太夫人加正一品衔显考妣赵公恪亭老大人母潘太夫人墓”。

赵畇妻赵继元母韦夫人之墓位于望天乡江河村赵氏坟陵，有碑，上书“皇清诰封夫人显妣赵妣违老夫人之墓”。

赵继元妻赵曾重母之墓也位于江河村赵氏坟陵，有碑，上书“皇清诰赠淑人显妣赵妣王老夫人之墓”，有碑文。

赵畇墓 位于象形山，为半圆形堆土墓，坐东朝西，高 1.1 米，占地 4 平方米，墓冢用精料碗、桐油、石灰夯砌墓矿用石块砌筑，有碑，上书“皇清诰授通奉大夫显考赵公岵存老大人之墓”。1984 年，被列为县级重点文物保护单位；2000 年，赵氏家族集资捐工进行维修；2010 年，县政府又拨款 20 多万元进行修葺，并修通水泥路直达墓前。

◉ 赵氏宗谱

赵氏溯源 赵姓：在宝坪是大姓，占全村姓氏 60% 左右。赵氏郡名为“天水郡”，但堂号不同，堂名礼善堂、敦伦堂、三德堂。始迁祖各异，其中礼善堂为赵文楷家族系列。礼善堂赵氏家族出自宋皇室。据《赵氏宗谱》记载：“始祖雄一，字伯英，元皇庆二年生（1313），卒于明洪武二十四年（1391）。赵氏始祖雄一原居豫章，元之中叶自江右迁太湖县北乡望天山村（今属北中镇宝坪村），耕读传家，繁衍不息，已繁衍 20 多代。始祖雄一艰苦创业，于元末，豪杰蜂起，江淮间邑人骚动，出其资材，筑寨于村南险峻处，使一乡不扰寇掠。雄一生平乐善好施，所活之人不可屈指，邑人颂其德。雄一享年 78 岁，葬望天骆驼卸宝山，迄今碑石巍然。

敦伦堂始祖其渊，于宋时因叛贼彭义难，挟昆季子侄由豫章瓦屑坝迁太湖县望天。

三德堂迁始祖分别是渊巨、黎源，大约是宋时避金人而迁入太湖县望天。大琼源流失考，三堂字派，自‘仲’字起统一。”

赵文楷肇修《赵氏宗谱》 宝坪村礼善堂赵氏，自清嘉庆六年（1801），赵文楷肇修、赵学溶督修《赵氏宗谱》；同治八年（1869），赵昀续修《赵氏宗谱》；光绪二十九年（1903），三修《赵氏宗谱》；1990年，赵氏四修《赵氏宗谱》；直到2015年，赵氏五修《赵氏宗谱》。赵氏家族繁衍了“四代翰林”，成为远近闻名的名门望族。谱中有第四代翰林赵曾重、赵朴初祖父赵曾裕亲笔文稿，是研究赵朴初家族的重要史料。其字派是“雄元仲久玉，宗彦璧之士，贤学文孟继，国恩荣锡福，祖德本贻清，裕世宜为善，绳先慎立名。恒毅敬忠礼，修齐续治平”。

宝坪村敦伦堂赵氏，清嘉庆五年（1800）肇修《赵氏宗谱》，嘉庆二十三年（1818）续修《赵氏宗谱》，道光二十六年（1845）三修《赵氏宗谱》，光绪十四年（1888）四修《赵氏宗谱》，1922年五修《赵氏宗谱》。其字派是“家兴传良法，仲久玉宗彦。大以希贤学，文孟继孔周。国恩荣锡福，祖德本贻清，裕世宜为善，绳先慎立名。恒毅敬忠礼，修齐续治平”。

礼善堂赵家亲支一脉，除四代翰林外，尚有进士三名，举人、贡生则更多，居官者有刑部主事、同知、知县等。赵氏家族重读书、重学问、重修养、重道德，绵延后世，“静以修身，俭以养德；交不忘旧，言不崇华”成为赵氏家风，使赵家子孙世代处于文化的浸润中，得到良好的熏陶。其书香门第、诗礼之族的儒家雅风，苦读和奋力的治学精神，对后代产生了深刻的影响。

《赵氏宗谱》1990 年版
祝厚林　摄

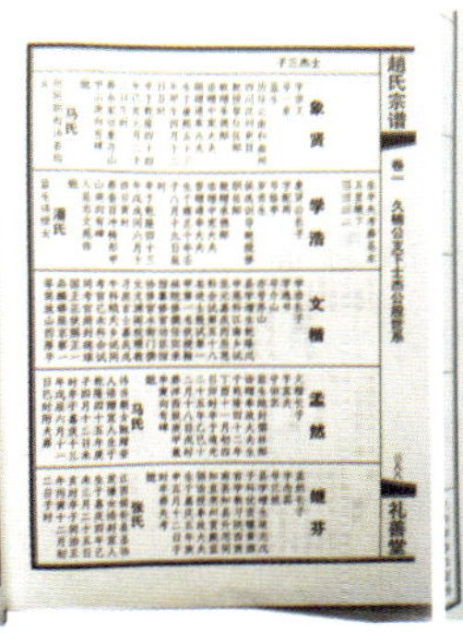

《赵氏宗谱》2015 年版

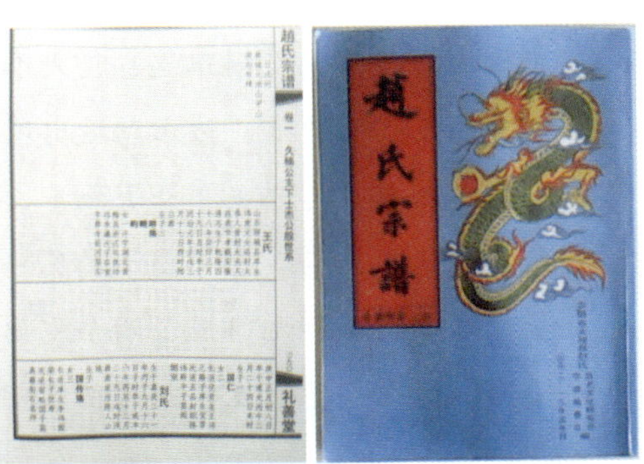

祝厚林　摄

附 3：平民状元——赵文楷传奇人生（节选）[①]

纵观状元赵文楷一生，从小聪慧过人，年轻时历尽坎坷磨炼，13 岁中秀才，28 岁中举人，36 岁中状元。他为官 13 年，两任考官，监抄和珅，代天子出使琉球，为皇家重修五台，都是朝野瞩目的大事。赵文楷传奇的一生，留给后人太多的思考及怀念。

和珅跌倒　状元显功

乾隆五十八年（1793）、六十年（1795），赵文楷两次进京参加会试都名落孙山。迫于生计，他于乾隆六十年应约赴福建藩台作幕宾。此次入闽，他得到藩台千金礼聘，既缓解了一时的生活困境，同时对他了解朝政、增长阅历也大有好处。嘉庆元年（1796），朝廷为庆贺嘉庆皇帝登基，特开丙辰恩科会试。赵文楷第三次进京赶考，终于中会试第 58 名进士。在四月二十一日殿试中，以其学富五车的深厚功底，扎根农村形成的民本思想，游学当幕宾了解的官场现状，加之诗人特有的激情文采，使他的文章策对有理有据，精彩出众，受到主考官纪晓岚（兵部尚书）、余士松（左都御史）的赞许，皇上的首肯，最终夺取第一甲第一名，高中状元。嘉庆赠他的《传胪诗》，直言“文楷嘉名殊雅正，为霖渴望副求贤”，表明新皇帝对他的倚重和期望。

乾隆六十年（1795）九月，乾隆皇帝传位给嘉庆，但朝政大权仍掌握在乾隆手中。和珅为了保住自己，纠集党羽，暗中加强对嘉庆的监视活动。更有甚者，和珅竟敢不顾朝纲，当着新老皇帝的面撕毁奏折，使嘉庆忍无可忍。赵文楷力劝皇上要忍耐三思，惩处和珅要等待时机成熟，一旦动手就要快刀斩乱麻，因其党羽众多，防止朝廷出现动荡。

嘉庆四年（1799）正月初三，乾隆驾崩，嘉庆亲政，从此可以按自己的意愿处理军国大事。嘉庆要干的第一件事，就是铲除和珅势力。初四，即令夺去和珅军机大臣和九门提督两个重要职务，命和珅及其死党福长安守值殡殿，为惩处做好准备。初五，颁布征求朝政意见诏书，授权御史广兴、王念孙列款弹

① 李传林：《平民状元——赵文楷传奇人生》，《安庆日报·太湖周刊》，2017 年 7 月 31 日。

劾，同时鼓励群臣弹劾和珅。赵文楷把自己中状元后和珅以广东学政相诱欲召为弟子一事当众抖了出来，并弹劾其要挟皇帝、蔑弃伦常、任用私人、培植党羽、贪财误国、与民争利种种罪行，使嘉庆心喜、群臣震惊。初八，嘉庆下御旨彻查和珅长期把持的军机处任意封锁消息、扣压奏报的情形。十一日，将和珅革职逮捕，宣布二十大罪状，晓谕天下臣民。同时下诏抄查和珅家产。

嘉庆清楚，和珅聚敛的财宝富可敌国。派谁查抄才可确保巨贪的不义之财尽归国库，则颇费一番思量。最后钦定：由庆桂等大臣奉旨查抄和珅家产，赵文楷等官员前往监抄，逐一登记造册，据实奏报。最后，查抄和珅家产总计值银8亿两，超过清政府十年的财政收入。故“和珅跌倒，嘉庆吃饱”一时传遍京城。

出使琉球　海外扬名

乾隆五十九年（1794），琉球中山王尚穆殡天。世孙尚温于嘉庆三年（1798）遣使臣渡海，请求大清皇上遵循典例，差遣天使赴琉球为新王举行册封典礼。嘉庆在挑选使臣时，想到赵文楷禀性刚直，负开达之才，多次出任幕僚，谙熟政务。想到他任考官时的清正廉洁，更想到他在弹劾及监抄和珅时的刚正和忠诚，便钦定翰林院修撰赵文楷为正使、内阁中书李鼎元为副使。

福州是陆行的终点，又是海上航行的起点。嘉庆五年（1800）五月初七日午时，西南风大作，赵文楷一行所乘两船起航出海。十二日辰时，船过马齿山，随即就望见琉球派人驾独木船以纤挽舟来迎，顺利驶进那霸港。午时上岸，琉球倾国人士聚观在路旁，世孙尚温率百官迎接诏书、天使，亲自将使臣送往天使馆安歇。赵文楷应邀亲笔为天使馆撰写一联：

牛女拱三垣，看奎壁分光，丹诏有时临渤海；

楼船经万里，顾神仙事渺，青山何处是蓬莱。

五月十三日，赵文楷率使臣一行，前往久米村拜谒孔子庙，接着又去拜谒天后庙、关帝庙。然后，同世孙尚温商定行册封礼的日期及拜祭先王等事宜。二十三日，天使来到首里西先王庙，到中山王尚穆灵前祭奠，世孙尚温素衣黑带跪于灵前，正使取出谕祭文，交捧轴官，高举上宣读台，由宣读官宣读。祭拜完毕，同回馆驿。册封典礼前后都有空闲时间，天使一行应主人邀请，多次到琉球山水名胜处游览。文楷素爱山水、喜漫游，他和副使同乘中山马，游海寺、波上寺、奥山，都使他倍感愉悦。奥山的山光水色，洁净的白沙路，幽静的天然洞，环山的无边翠绿，远处波涛汹涌的大海，使他流连忘返，赞赏不已。

七月二十四日，琉球王册封典礼在山巅石城王宫中举行，万众为之瞩目。先由正使奉诏敕御书授副使，再由副使送到阙庭放于御案，然后正副使分立左右，宣读官上宣读台宣读诏书、敕书。接着，正使宣诏赐国王、王妃缎币，赐国王御书匾额，全体行礼谢恩。国王请留诏敕作为传国之宝，天使准其所请，再次行礼谢恩。接着是瞻观王殿九楹，上殿为御书楼，高敞壮丽，正中悬挂着康熙、雍正、乾隆御书的匾额。观毕，国王揖入北宫，面对南宫，接受群臣朝贺。册封礼成，中山世孙成了中山王，天使欣喜完成重任。

在等待归国的日子里，向文楷索诗求字的很多，他赠诗题字概不受馈赠，得之均视若珍品收藏，琉球至今尚存许多文楷题写的诗文、匾额、楹联、扇面、碑刻，赵洛先生在《诗人赵文楷》一书中作了翔实叙述。依旧例，中山王要为册封使者举行七次宴会，如不设宴就赠金，文楷一一谢绝辞却。十月初一，国王派遣司法官来馆驿问候，依旧例给正副使各赠银五千两，再次被文楷恳词谢绝。赵文楷出使琉球，多次谢绝厚赠，廉洁之风，著于海外，琉球举国敬礼。后在那霸港建立清惠祠，正是为了表彰册封天使的高风亮节，以作永恒纪念。

雁门赴任　重修五台

一次，赵文楷听说五台山大水，冲毁不少寺庙良田，至今尚未修复，于是他主动请缨，想前去做一番于国于民有益的实事。嘉庆九年（1804）六月，朝廷以文楷劳苦功高，授以山西雁平兵备道。

雁平兵备道，实乃雁平道，所以加“兵备”衔，是为节制境内的都司、千总等武职的。雁平道辖三州（代州、保德州、绛州）、两府（朔平府、保德府），道台驻代州（今代县），领五台等三县，境内有千年佛教圣地五台山。

赵文楷风餐露宿，足迹踏遍五台崇山峻岭，历时三载，不仅重修了被山洪冲毁的寺庙，还帮助解决了大批灾民的实际困难，使这千年佛教圣地和避暑胜地重现风姿，再添新貌。这是文楷在雁平道任上全力办成的一件大事。他夙兴夜寐，辛劳王事，为的是上报君恩，下恤黎民百姓，实现他“实心行实政、实事呈实功”的夙愿。赵文楷为皇家修缮五台山寺庙，手握万金，自己一家却常靠典当过日子。他在晋西北为官近四年，生活清苦，操劳过度，加之出使琉球海上险风恶浪的摧残，在家守孝侍母过于悲切，致使他身体每况愈下，于嘉庆十三年（1808）三月初三猝死任上，死时年仅48岁。

文魁天下　根在故乡

赵文楷出生于一个书香门第，其祖父监生出身，历任云南曲州、四川汉州吏目，敕授登仕佐郎，诰赠中宪大夫。其父赵学浩贡生出身，候选训导，敕授修职佐郎，晋赠通奉大夫。赵文楷从小就受到了家庭的影响，文化的熏陶，为后来发展打下了基础。望天有这样的一个传说：赵母坚信“穷不丢书”的格言，一个寡妇，不但要挑起沉重的生活担子，而且为了让赵文楷兄弟读书，她不辞劳苦，日夜辛勤为别人舂米，维持生活。赵文楷京都考中状元时，赵母仍在碓屋辛劳忙碌，当报子报喜赵文楷中状元，赵母拍拍身上灰，高兴地说：“贫从今日止，富从明天起，多谢叔伯奶，从此不筛米。”从传说可以看出，赵母是既有德行、又有文采的贤能妇女。赵文楷从小就受到其母良好的影响，为官时始终保持俭朴、廉洁，赵家也并未因他做官而豪富起来。

赵文楷曾书一联赠给亲属：“古今来许多世家无非积德，天地间第一人品还是读书。”这既是他人生阅历的总结与概括，也是他对子孙后代的教导及希望。

赵文楷一向才思敏捷，能诗善对。一次赴宴，席间有人戏以春夏秋冬四季为题，请赵当场写七律回文诗四首，以一炷短香为限，否则罚酒三杯。线香未尽，赵文楷写出如下四句：

莺啼绿柳弄春晴晓日明，
香莲碧水动风凉夏日长，
秋江楚雁宿沙洲浅水流，
红炉黑炭季寒冬遇雪风。

拆开后，竟是四首绝妙的连环回文诗：

春

莺啼绿柳弄春晴，柳弄春晴晓日明，
明日晓晴春弄柳，晴春弄柳绿啼莺。

夏

香莲碧水动风凉，水动风凉夏日长，
长日夏凉风动水，凉风动水碧莲香。

秋

秋江楚雁宿沙洲，雁宿沙洲浅水流，
流水浅洲沙宿雁，洲沙宿雁楚江秋。

冬

红炉黑炭季寒冬，炭季寒冬遇雪风，
风雪遇冬寒季炭，冬寒季炭黑炉红。

赵文楷幼年即聪慧超人，牙牙学语时，邻人投柬，封皮有“相公”二字，父授之，后凡遇此二字，立能辨读无误。6 岁时依唐诗名句原韵作《咏百舌鸟》五绝：“桃花红未了，百舌闹春晓；能做百般声，枝头压众鸟。”

七岁时有《咏荷花》五绝：“一叶复一叶，千枝更万枝；昨夜沾雨露，开遍凤凰池。”

十岁作《九日龙山会饮》五律：“醉把茱萸盏，黄花插满头；龙归一潭静，日落万山秋。急管惊栖鹘，长歌和饮牛；未知今日事，能续古人否。”

赵文楷“目能数行，日熟千言”。后因父丧，“薄田十余亩，粥饭常不给”，但读书愈坚。他 18 岁中江南乡试第二名，经过 18 年的磨砺，终在 36 岁时终得中状元。

仙女四赞（2017 年）　　陈达华　摄

风土民情

宝坪历史悠久，风物风俗因时而生，与时俱进。皖西南土地肥沃，物产丰富，赋予宝坪人聪明、智慧的天分，敦厚、诚信的秉性以及追求时尚生活的习性。宝坪自古民风淳朴，民俗文化丰富。“民以食为天”，宝坪美食、地方物产、地方特产，颇受人们青睐。

◉ 美食小吃

豆粑 每年的秋末冬初，是个收获的季节，也是迎新辞旧的节日。村民们把新收获的大米，搭配优质的绿豆、黄豆、红豆、豌豆、蚕豆等多种豆类，制作出美味的豆粑。由于原料多豆类，再加上工序中需要锅底烫成饼（粑），这就是豆粑的名字由来。豆粑，就是宝坪地道的美食，是乡民们喜闻乐见的营养食品。

制作豆粑是宝坪农村冬季的一件大事。首先精选质量上乘的籼米。这样做出的豆粑才有韧性，把精选的原料添水浸泡 14 小时左右，按 5 千克籼米配 1.5 千克杂粮（如绿豆、黄豆、荞麦、芝麻等）的比例，拌和均匀后按 5∶1 兑好水磨浆。豆粑浆磨成了，接着就是烫豆粑了。烫豆粑需要五六个人配合才行，首先安排一个有经验的人，站在锅边，等锅烧红后用丝瓜筋蘸油或用肥肉擦锅，然后用长柄瓢舀半瓢豆粑浆，沿锅边均匀倒上薄薄一层，有空缺的地方用棕毛制的豆粑刷迅速刷匀，使薄饼厚度一致。约 5 分钟，一张豆粑饼就烫好了。之后把烫好的豆粑饼铺在倒放过来的竹筲箕上，由等候在旁边的人快速端走，把它放到扁平晒筐中冷却。豆粑饼冷却后便折成长 50 厘米、宽 5 厘米的条状，交给另一个人切成条状豆粑，接下来就把切好的细条状豆粑放到晒筐里晾晒，直到晒干为止。

乡间年前烫豆粑的习俗是非常普遍而隆重的，几乎家家户户都烫豆粑。由于烫得多，工序也多，三两个人手是不够的，为此一个屋场常常互相帮忙。每年 10 月中旬以后，全屋场商定各家烫豆粑的日期，然后逐户进行。一般每家都要烫上四五斗米以上，

晒豆粑（2015 年） 江群 摄

有的烫上担米的豆粑，以备吃到来年的端午节前后。被轮到烫豆粑的人家要提前打扫卫生、准备器具、清理场地。届时很多人集中于一家，淘洗的、磨浆的、和浆的、锅上的、灶下的、传送的、操刀的形成一条分工明确的流水线，大家各司其职，各负其责。主人一般没有固定分工，只做一些应急、跑腿、调度、传唤等零杂活，但也忙得不亦乐乎。烫豆粑时，男男女女，嬉笑声、调侃声不绝于耳，煞是热闹。这也是全屋场的人们大显身手、炫耀自己心灵手巧的绝好机会，就这样热热闹闹、忙忙碌碌从黄昏持续到次日凌晨方告结。天一亮，主人一定差派孩子们提上满满一篮新鲜的豆粑，送给亲戚朋友，尽管亲戚翌日也可能要将自家制作的新鲜豆粑送过来，但人们仍然乐此不疲。过年的气氛也就在这互相送豆粑中逐渐浓厚起来。

实行生产责任制之前，农村粮食比较紧缺，人们一般都是将豆粑掺上青菜煮着吃，只有贵客、稀客登门，才舍得给客人炒上一碗纯豆粑。如果加上两个荷包蛋，或用腊肉焖豆粑，那一定是招待非常尊贵的客人。如今，随着农村生活条件的改善和市场经济的活跃，在宝坪可以随时随地吃到新鲜豆粑。

挂面　宝坪村制作的挂面一般 1.7 米左右，细如发丝。无论是蒸还是煮，都让人觉得香气氤氲，味道鲜美。

挂面的制作比较复杂，工序较多。先将小麦淘沙、洗净、晒干，然后用石磨磨粉。过去推石磨是一件非常吃累的苦力活，用两根 1 米来长的圆木绑在磨手上，两个健壮的劳力将圆木横在胸前，绕着斗笠般大小的石磨做逆时针方向推磨。尽管两个人一天到晚马不停蹄地推，可一天下来也不能磨出几十千克面粉。不像现在的磨粉机出粉快，眨眼功夫，一袋小麦就磨完了。用石磨磨出的粉，麦麸夹在其间，须用筛罗过滤，筛去麦麸。新鲜的面粉就准备好了。石磨磨出的面粉，有筋丝，做出的面条有原始的麦香味，久煮不煳。

揉面是制作挂面最辛苦又最复杂的一道工序。兑水和拌盐是关键的环节。水倒多了，面和稀了，面条挂不上架；水兑少了，面坨硬了，拉不动。拌盐也是如此，要咸淡适中。视每次面粉的数量，还要根据季节的不同，按一定的比例，适时增减盐的数量。天刚亮，做面师傅就得起床，用秤称好前一天磨好的面粉，倒入面钵，按比例将精盐拌入面粉，加冷水调和，用手不停地使劲揉搓，将面粉揉成一个软软的大面团。

吃过早饭，制面人在面箱前摆两条长板凳，将面钵里的面团拉直、拉长一截一截地绕在两根筷子样的竹棍上，放进面箱里。然后搬出面架，放在太阳底下，面架上有许多

制作挂面（2016年）　　　　祝厚林　摄

小孔，将面箱里的面棍一根根地插入面架孔，稍后，慢慢地用力拉扯面棍，面棍上的面条越扯越长，越扯越细。就着太阳晒干，到了傍晚，面条就可以下架。

制面人将竹匾放在地上，小心翼翼地将面棍从面架上取下来，一层层地铺在竹匾里，然后用刀削下面棍上的面头，再将面条收成一挎挎放入箩筐中。

过去，人们送亲戚家的月子礼、做屋礼、生日礼都是用挂面。或是家里来了贵客，主人为了招待客人，才舍得下一碗挂面，煎一个鸡蛋饼。

如今，生活富裕，人们随时都可以吃上一碗面条，过生日的时候，吃面条叫吃长寿面；坐月子时，吃面条叫吃月子面。现在饭店里有炒面、蒸面、煮面、凉面，风味、口味各不相同。

豆腐煮泥鳅

宝坪人吃泥鳅，经常是把锅烧热，放点猪油，葱花一炸，把泥鳅倒入，同时盖上锅盖。于是，锅里就劈里啪拉一阵乱蹦跶，待平静下来，就往锅里加水，放盐。水烧开，煮熟。一人盛一碗，吃得兴高采烈。

烤泥鳅　把锅烧热，放点油，倒入泥鳅，盖上锅盖。等风平浪静之后，揭盖，把泥鳅不时翻一翻，下边文火烤。烤到泥鳅有些焦黄，扑出香味，再洒点盐，翻均匀。装一大盘，香喷喷，又酥又脆，连骨头都能吃下去。

醉泥鳅　把泥鳅装在炖罐里，放点酒，盖上盖子，让泥鳅醉后，然后用文火炖熟，肉嫩汤鲜味美。

泥鳅炖豆腐　把豆腐和泥鳅一并放入锅中清水，盖上锅盖，慢慢地加点火，水先渐热，豆腐里边还是冷的，泥鳅受不了水热，就会往豆腐里钻，煮熟时，泥鳅横七竖八地穿在豆腐中，很有特色。

泥鳅炖鸡蛋 把蛋打入罐子，放入泥鳅。炖时，泥鳅一受热，就折腾，就挣扎，几次三番，就把鸡蛋搅拌均匀。炖出来，泥鳅横七竖八穿在蛋羹里。

酥圆 在宝坪，凡逢年过节或人家办喜事，酥圆是一道不可缺少的美食。

酥圆，圆圆的，甜甜的，松软可口，慢慢咀嚼，滋味无穷。

做酥圆有学问。首先要准备好材料：熬化了的冻猪肮，白砂糖，米粉，豆粉（或红薯粉）等。其次是配原料，一般来说，0.5 千克冻猪肮，0.25 千克白砂糖，2 千克米粉。再次是制作，将这些配置好的原料放在一起揉和，揉和到一定程度，然后分别捏成一个个小圆团，用手搓一搓，再将搓好的小圆团在豆粉上面滚一滚，使小圆团均匀地粘上豆粉，这样小圆团不散。酥圆基本就做好了。最后将做好的酥圆放到蒸笼里，然后放到锅上用火蒸。蒸一个小时左右，香味可口的酥圆就可以蒸熟了。

毛香粑 清明前后，宝坪家家户户都做毛香粑吃。

毛香，是一种叶面呈灰白色，长有绒毛，外形似平展的白菊花瓣的野生植物。揉它，会发出一种清香味，所以叫毛香。在严寒的冬天里，很难看到它的身影。一到 3 月，就一株一株密密匝匝地生长出来。它生长在山垴的草坪上、斜排上或坝跟，背阳的地方或土壤较潮湿、肥沃的地方，毛香叶长得厚实、肥壮。在田头埂边生长的叫水菊，它长得清瘦，没有山上长的毛香香。一到三月三，春风和煦，阳光明媚。村姑们手提小竹篮，穿红戴绿，又说又笑，三五成群上山采掐毛香。采掐毛香不需要剪刀、铲子之类的工具，只要用手在毛香颈部轻轻一掐，毛香就被采掐下来。遇到毛香生长稠密的地方，采掐毛香根本不用挪脚，不到半日，鲜嫩、肥硕的毛香就装满了小竹篮。

毛香采掐回来后，先择剔去采掐中可能带来的杂物，然后用水清洗。然后，用菜刀切碎，再放到舂米碓里捣烂。一般是半千克毛香配二升粉。毛香粑的粉主要是以磨好的籼米粉为主，也适当掺些糯米粉，增加糍性。讲究的毛香粑，包上心，味道更美。粑心多是用葱蒜、酱干、肉，加点辣椒粉组合而成。也有用红糖和芝麻粉做毛香粑心的。做毛香粑，大多由家庭主妇手工做，孩子们也动手，凑凑热闹的。毛香粑大多是圆形的，也做些小鸭、小狗状的留给孩子们玩。一升米的料子大约能做十来个毛香粑。

毛香粑蒸熟后，掀开粑笼，香味扑鼻，沁人心脾。食之，口齿留香。谁家先做毛香粑，都要送给左邻右舍尝尝鲜。毛香粑如若留待日后，再用火烤，将两面烤得黄澄澄的，毛香粑更香脆可口，使人回味无穷。

状元糕 嘉庆元年（1796），朝廷为庆祝嘉庆皇帝登基，特开丙辰恩科会试。赵文楷第五次进京赶考。从太湖县望天宝坪赵家冲进京，一路舟车劳顿，要经历个把月的时间。赵文楷的母亲心痛儿子，舍不得儿子在路上挨饿，特意用米粉和芝麻做了一种小糕点，让文楷带着上路。赵文楷到了京城，在四月二十一日殿试中，受到主考官纪晓岚（兵部尚书）、余士松（左都御史）的赞许，皇上的首肯，最终夺取第一甲第一名，高中状元，实现了“志在高科”的夙愿。

嘉庆帝御诗称赞赵文楷：“文楷佳名期雅正，为霖渴望副求贤。”一时荣耀乡里，在太湖县内传为佳话。赵文楷从小求学、游历、赶考、走南闯北，吃尽了苦头。到京城后，依然不忘太湖乡间的生活，尤其怀念赶考时母亲为他做的糕点，遂写信询问母亲制作过程，叫厨子仿做，果然香甜可口、松脆细软，回味绵长。赵文楷让厨子专门制作了一些发糕，进贡给嘉庆帝品尝，没想到嘉庆帝吃了龙颜大悦，遂命名为状元糕。

现在，在宝坪赵家冲，人们遇到喜庆的事或遇时令节日，都会制作状元糕。

糯米团子 先将糯米用水浸涨，然后将糯米沥干，用碓舂成粉（现在一般都是机子轧），粉轧好后，放在簸箕里，用温开水调和，和好后，捏成一个个团。然后将黑芝麻粉和红糖搅拌做团子心，团子包好后，搓成圆圆的，再滚上浸泡过的糯米，放到蒸笼蒸。

在宝坪，每逢过年，家家户户都做糯米团子。过去，正月拜年，小孩到外婆家，总是带些糯米团子作为礼物。过年做糯米团子，成为宝坪的习俗。

糯米汤粑 先将糯米用水浸涨，然后将糯米沥干，用碓舂成粉（现在一般都是机子轧），粉轧好后，放在簸箕里，用温开水调和，和好后，捏成一个个团砣。然后将团砣

糯米团子（2016年） 陈达华 摄

搓成圆圆的，搓完后，将糯米汤粑放到锅里煮，煮到汤粑全部浮上来，汤粑就熟了。然后，将汤粑盛到碗里，放上红糖。糯米汤粑软软的、柔柔的、甜甜的，甚是美味。

在宝坪，有句俗语："小孩望过年，大人望插田。"每年插田，家家户户都做糯米汤粑。插田吃糯米汤粑体现宝坪人对这一年丰收的守望。

灌肠粑 宝坪家家户户都制作灌肠粑。制作简单，取若干块豆腐，放锅中，然后再放若干新鲜猪血，加入适量的食盐后将豆腐、猪血捣碎并搅拌均匀，然后做成一个个粑状，放到簸箕里，再拿到太阳底下晒干。要吃时，拿一个切成片，放到猪肉里一起炒或煮，味道鲜美可口。

浆水豆腐

浆水豆腐，是人人喜爱的食品，但宝坪村人，从祖上传下来的浆水豆腐则别具一格。其制作方法：

磨豆子 选取饱满的黄豆，放在水里浸泡 8 ～ 10 个小时，磨豆子前将磨洗刷干净，然后在磨底下放只黄桶，再将发胀的黄豆磨成糊状。

冲浆 烧一锅开水，然后将开水放入黄桶，再用锅铲搅拌。搅拌后用锅盖盖半个小时。

过滤 在锅上面的木枕上系根绳子，绳子下头系上两根木头做的拗子，然后将一块四方白市布（长、宽各约 1 米）的四角拴在拗子四头，再将糊状舀入白市布中过滤。然后将过滤的豆浆用大火烧开到 100℃，再舀入黄桶中。

点卤 豆浆放入黄桶中，约 20 分钟后，用烧过后的石膏磨碎，化成石膏水，放入豆浆中，一边放石膏水，一边搅动，豆浆很快形成块状物漂浮起来。

压实切块 将一制豆腐木板放在木架或合拢的两条板凳上，然后将一无底方木框（木框高约 2 ～ 3 寸）放在一块豆腐木板上，再将四方白市布铺在无底方木框上面，将块状豆腐舀入木框内，加压、控水，取下木框，然后将布块掀开，再用一块木板盖上，然后两人再将整个豆腐连底板翻转过来，揭开木板和布，切块，豆腐就做成了。

麦麸酱 麦麸浆是将米、小麦、蚕豆或其他豆类混合在一起，喷水后充分搅拌，手捏成团即可，然后装入罐内，密封，放在外面日晒夜露半个月或二十天左右，能嗅出一种香甜味，方可从罐内倒出在太阳下晒干，用扎粉机扎成粉。用麦麸酱炒肉吃，是一种享受，香甜可口，回味无穷。

腐乳 腐乳是将豆腐切成四方小块，放到相对保暖的地方发酵，长出一定毫毛，再

糯米汤粑（2017 年） 陈达华 摄

灌肠粑（2017 年） 陈达华 摄

浆水豆腐（2017 年） 陈达华 摄

腐乳晾晒（2017 年） 陈达华 摄

上一定的拌有盐的辣椒粉即可。发酵时间不能太长，不然就有点刺鼻，时间短了就没有香味。

黄豆酱 黄豆酱是将黄豆洗干净，放入锅内用水煮成烂熟，起锅后摊凉，然后再装入盆或罐内发酵，长出少许毫毛，用茶水拌匀，放入盐。

◉ 地方物产

宝坪茶叶、油茶、板栗种植历史悠久，种植技术成熟，产品质量优良，尤其是茶叶。2007 年，太湖县实施农业产业结构调整。宝坪村抓住契机，把农业结构调整作为经济发展的切入点和突破点来抓，实施“产业富民”战略，形成了茶叶、油茶、板栗三大主导产业。该村为了保证茶叶发展种植规划的实施，真正使群众得到实惠、产业出效益，村“两委”多次召开党员、组长、村民代表会议，制定了茶叶种植实施方案与奖惩措施。对于规划区内的茶叶种植，由村“两委”负责组织实施，各蹲组村干负责各片种植面积的落实，技术上由北中农技站统一指导。在奖励方法上，规定农户购买每 500 克茶籽只需交 0.5 元押金，村里补贴 1 元；每亩按实际种植面积补贴标准化肥（尿素）25 千克；每亩补贴吊槽费 60 元，充分地激发和调动了广大农户种植茶叶的积极性。

在宝坪村还有一些其他产业，如茯苓、生漆、灵芝等，但产量不高。

茶叶

茶叶是宝坪村支柱产业之一，也是主要特产之一。

宝坪村茶叶历史生产悠久，早期茶叶品种主要是本地品种，以种子繁育，产量不高，茶叶生产效益低。随着农业技术推广力度不断加大，90 年代后，无性系茶叶良种逐步得到大面积的推广，老茶园不断得到改造，推广的主要品种有皖茶 91（农抗早）、舒茶早、龙井长叶、乌牛早等。

早期的茶园面积不大，病虫害较少，随着规模化生产和集中连片种植，病虫害危害逐年严重，主要病虫害有茶尺蠖、茶毛虫、茶叶蝉等病虫害，特别是茶尺蠖对茶叶产量和品质影响大。早期防治病虫害药剂比较单一，主要是杀虫双、敌敌畏等，随着病虫害抗药性增强和农产品质量要求的不断提高，防治方式方法不断改进，防治药剂不断更新，防治器械性能不断提高，茶叶生产安全和质量安全不断提高，宝坪村的茶叶是无公害产品，生产的茶叶畅销省内外。

宝坪村现有茶园面积 2000 余亩，村社屋旁，均可见种植的茶叶，茶叶已成为宝坪村农户增收的主要来源，解决了留守人员在家就业问题，美化了农村环境，兴建茶园发展茶叶已成为农村脱贫致富的重要途径。据统计，一亩开采茶园平均可以为茶农带来 3000 ～ 5000 元的纯收入，全村茶叶收入 700 余万元，户均增收近万元，人均增收 3000 元以上。

60 年代大力发展茶园，大队办茶场，当时宝坪大队、海螺大队均办了 100 亩以上的茶园。2007 年农业产业结构调整，到 2010 年达到发展茶园的高峰期，涌现出大批茶叶大户，至 2013 年，全村茶园通过无公害农产品产地认证茶园 15000 亩，（其中无性系茶园 5600 亩），约人均 0.5 亩，投产茶园 11000 多亩。几乎家家户户都种植茶叶，其中成片茶园：2 ～ 5 亩的 150 处，5 ～ 10 亩的 20 处、50 亩以上的 2 处，100 亩以上的 2 处（村集体）。

为了农民的利益出发，也为宝坪村茶叶支柱产业做大做强，宝坪村赵福贵、余先理、赵福存分别办起来“望天茶叶有限公司”“天泉茶叶有限公司”“宝坪茶叶有限公司”。开始尝试收购农民的茶叶鲜草统一加工销售。该举措迎合了许多茶农的愿望，当天采摘的茶草，当天就能卖到现钱，节省了许多中间环节。在三家茶叶公司的引导

干茶（2016 年） 江群 摄

品牌茶叶（2016 年） 江群 摄

下，农民种茶的积极性提高了，尝到了种茶甜头的农民把自家的自留地、缺水的高榜田都种上了茶叶。经过十几年的发展，特别是经过产业结构的调整，茶园总面积 3000 余亩，采摘面积 2000 多亩，还有部分茶园正在生长期。大规模的茶叶种植面积为三家茶叶公司提供了充足的原材料，这就自然而然地形成了“公司＋农户＋基地”的生产和经济格局。公司与农户之间形成的这种鱼水关系，使三家茶叶公司产业越办越强，越办越红火。

2015 年宝坪村各组茶叶面积一览表

表 12

组别	面积（亩）	组别	面积（亩）	组别	面积（亩）
网形	69	大屋	110	桃园	154
筏形	72	凤形	64	花屋	136
炭湾	46	枣岭	34	三星	69
三合	76	河边	130	椅形	104
羊湾	105	旺林	71	合计	1384
和平	64	中心	80		

茶叶的手工制作主要经历采摘、晒青、炒青、揉捻、烘焙等过程。

采摘 首先，采摘的鲜叶质量最好。而且茶叶的鲜嫩度要适中。一般选三叶一芽，鲜嫩度适中。枝梗宜短，细小，这样枝梗的含水量才会少，制作出来才会形成高档气质。

晒青 茶青采摘回来后，要将其薄薄的摊凉在地上晒青。晒青形式有很多种，有的是摊在晒簟进行，有的是直接摊铺在地上，有的在地上铺上竹席进行。晒青的目的是先使箐叶蒸发部分水分，促进鲜叶内含物质的物理化学变化，为炒青作准备。

炒青 采用炒茶专用铁锅，锅口面直径 84 厘米（事先磨洗光滑无锈），生锅呈 35° 左右倾斜，锅台前方高 40 厘米左右，便于操作，后壁高 1 米以上，与墙贴合。生锅用干木柴作燃料，锅温宜 140℃ ~ 160℃，每锅投鲜叶量 500 克左右，以手掌心试探锅温，掌心距锅心 3 ~ 5 厘米，有烫手感即投鲜叶，用茶把（细软竹枝扎成的圆帚）稍快反复挑翻青叶，经 3 ~ 4 分钟，待青叶软绵后，用茶把尖收拢青叶，在锅中转圈轻揉裹条（将杀青适度的茶叶，用茶把在锅内顺斜锅自然旋转），动作由轻、慢逐步加重、加快，不时抖动挑散，反复进行。青叶进一步软绵卷缩，初步形成泡松条索，嫩茎折不断，然后用茶把尽快将茶叶全部扫入熟锅。生锅历时 7 ~ 10 分钟，茶叶含水率 55% 左右。雨、露水鲜叶，火温提高至 10℃ ~ 15℃，勤翻多抖，嫩叶水分较多，火温稍高，动作宜轻。

揉捻 与生锅规格一致，与生锅并列排列，呈 40° 倾斜。在接纳生锅转来的茶叶后紧接操作。锅温 80℃ ~ 100℃，开始仍用茶把操作，并以把尖先把茶团打散，然后以把尖团揉茶叶，继续“裹揉”，不时挑散，反复进行，约 3 ~ 4 分钟后，茶条进一步紧缩，茶把稍放平，进行“赶条”。待茶条稍紧直，互不相粘时，即用手“理条”（掌心向下，拇指与食指稍张开成“八”字形，其余三指与食指并拢，稍向内弯曲，成抓东西的虎口状。抓起锅中部分茶叶稍握紧，以抓满手心为宜。然后于锅心 10 厘米高左右，手腕使劲，将手中部分茶叶从“虎口”甩出，撒开抛到茶锅上沿，茶条则顺斜锅自然滚回锅心），如此反复进行，逐渐形成紧细、圆直、光润的外形。全部过程的操作历时 7 ~ 10 分钟，含水量 30% 左右时，立即清扫出锅，摊在簸箕上。

烘焙 将熟锅陆续出来的 4 ~ 5 锅茶叶作为一烘，均匀摊开，厚度以 2 厘米为宜，用优质烘无烟木炭，烧着后用薄灰铺盖控制火温，火温宜 90℃ ~ 100℃。根据火大小，每 5 ~ 8 分钟轻轻翻动一次，经 20 ~ 25 分钟，待茶条定型，手抓茶条，稍感戳手，含

村民择茶草（2016 年） 江群 摄

机子制作茶叶（2016 年） 江群 摄

手工制作茶叶（2016 年） 江群 摄

水量为15%左右，即可下炕。初烘后的茶叶，置于室内及时摊凉在大簸箕内4小时以上，厚度宜30厘米右，待复烘，将摊凉后的茶叶再均匀摊在茶烘上（厚度以4～5厘米为宜），轻轻放在茶炕上（火温以60℃～65℃为宜），每烘摊叶量2.5千克左右，每隔10分钟左右轻翻拌一次。待茶条固定，用手揉茶叶即成粉末样，方可下炕，复烘30分钟左右，含水量控制在7%。

复烘后的毛茶摊放在工作台上，将茶叶中的黄片、老枝梗及非茶类夹杂物剔出，然后进行分级。将茶叶进一步干燥，达到含水量6%以下。厚度宜5～6厘米，温度60℃左右。烘摊茶2.5千克左右，每隔10分钟左右手摸茶叶有热感即翻烘一次。经30分钟左右，待茶香显露，手捏成碎末即下烘。分级、分批摊放于大簸箕，适当摊凉后及时装进洁净专用的大茶桶密封，存放于干燥、低温、卫生的室内。

茶树品种及茶叶品牌。宝坪村老茶园茶树主要是黄山大叶种，有宝坪村赵福贵、“宝坪”、“天泉”3个茶叶专业合作社。宝坪年产谷尖6吨，产值19.6万元，绿茶30.4吨，产值649.65万元。合计年产干茶50.25吨，产值252.25万元，亩产干茶22千克（由于不采夏季茶），亩产值2047.5元，人均750元。

板栗　板栗树系宝坪乡土树种，历史上即有栽培，每个村落屋前屋后、山根地角都有板栗树，大多是油栗，小个，产量不高。大量栽植板栗树始于80年代中期，板栗育苗造林，有旺林、花屋、河边、三合、竹园、枣树岭、凤形、大屋、网形等组，营造板栗树林地600多亩。

油茶　解放前后，油茶属自然生长植物，无栽培习惯。油茶籽可以加工成为食用油。茶籽油有清新润肺，延年益寿之作用。80—90年代，宝坪村大力发展经济林，引进油茶新品种，林地有枣树岭、竹园、炭湾、长岭、夏家寨、毕家岩、里公河等地。总面积1000多亩，产值8万元。

板栗（2016年）
吴卫东　摄

油茶籽（2016年）　吴卫东　摄

油茶（2016年）
吴卫东　摄

灵芝生产基地（2017年） 陈达华 摄

天麻（2017 年） 陈达华 摄

百合（2017 年） 陈达华 摄

茯苓（2017 年） 陈达华 摄

茯苓片（2017 年） 陈达华 摄

窖茯苓（2017 年） 陈达华 摄

灵芝 种植灵芝是宝坪村经济特产之一。2005 年以来，部分村民利用旱田旱地种植天麻。2013 年，全村种植天麻的有椅形、旺林、花屋、三合、中心、桃园、炭湾、筏形等组部分村民。宝坪百合远销河南、湖南、江苏、江西等地，年产值 40 万元。

茯苓 培植茯苓是也是宝坪产业之一。每年出产茯苓近 10 万千克，收入达四五十万元。

天麻 天麻是一种名贵的药用植物，有较好的发展前景。宝坪村土质适合种植天麻，一直以来主要有椅形、旺林、花屋、三合、网形、大屋、中心、桃园组村民在种植。宝坪天麻远销湖北、江苏、浙江等地，年产值 100 万元。

百合 宝坪低洼地带是土质疏松的沙壤土，属酸性土壤，适合百合生长。花屋、三合、网形、大屋、中心、桃园村民种植百合几十年，经验丰富，所产百合远销省内外，年产值 80 万元。

漆树 漆树是宝坪重要特产经济树种。利用山林种植漆树是一项投资少、收益快，具有较高经济价值的致富产业。宝坪村有部分村民栽植漆树，总共约 20 亩，产值约 50 万元。

繁殖方法有三种。种子育苗，就是用漆树种子直接播种育苗，9—10 月漆子成熟，及时采集，选种时去掉漆子外部果皮，播种前去蜡催芽；树根育苗，也叫漆树埋根繁

割漆（2017年） 陈达华 摄

割漆箩（2017年） 陈达华 摄

殖法。选一块背风向阳、排水良好的沙壤土地，在头年秋、冬将地整好，经冻垡使土壤疏松，以利漆树生长。再从漆树周围挖取2～3年生的嫩根，根粗1厘米（如一支香烟粗），然后再把它截成15～21厘米长的一段根条，斜插于土中，一穴一根，覆土3厘米，每亩插122根，扦插季节以惊蛰前后为宜；苗根育苗，是一种新的育苗方法，就是当采用种子育苗或树根育苗方法育出的苗木长成后，在起苗出圃时，把它的苗根剪下一部分，重新排入苗床，进行育苗。采用这种方法，出苗率高又快又齐。具体做法，与树根育苗基本相同，只是剪根时不宜剪得太多，一般不要超过根系的1/2，要剪大留小，剪长留短，也可剪半截留半截。剪留下的根，还可再剪成一小节一小节的，用它来育苗。

漆树是阳性树种，喜温暖湿润、背风向阳的环境。凡是能生长麻栎、白杨、化香、核桃、杉木等树木的地方，一般都可以和漆树。晚秋和早春季节，可整地栽种，一般大木漆树每亩可栽80株，小木漆树每亩可栽120～150株，宝坪村部分村民采用混交栽种。在漆树幼林地，可以实行林粮或林油间种，提高土地利用率。比如，前3年可以间种一些花生、黄豆、绿豆、蚕豆、油菜等。这样做的好处是可以肥地，促使漆树旺盛生长。在停止间种后，要注意锄草、松土、施肥。一般四五年后，漆树就可以长成，开刀割漆，产量会逐年提高。

◉ 土特名产

干菜类

宝坪境内干菜品类甚多，以四种为最佳：即笋干、豇豆干、干萝卜丝、干盐菜等，干菜有不可替代的风味和口感。

笋干 笋干是以笋为原料，通过去壳切根修整、高温蒸煮、清水浸漂、压榨成型处理、烘干、整形包装等多道工序精制而成。笋干色泽黄亮、肉质肥嫩，含有丰富的蛋白质、纤维素、氨基酸等微量元素，低脂肪、低糖、多膳食纤维的特点有助食、开胃之功效。可增进食欲、防便秘、清凉败毒，是深受广大消费者欢迎纯天然健康食品。寺前镇竹源丰富，特产毛竹笋、小竹笋。

豇豆干 以鲜嫩豇豆为原料，先把豆角冲洗干净，烧开一锅水，放入盐，然后把豆角放入焯大约两三分钟至颜色变得很绿，捞出立刻浸泡凉水，之后悬挂在太阳底下晒半干后切成小节再晒干即可。

干萝卜丝 以萝卜为原料，将萝卜洗净，擦成萝卜丝，平摊在太阳下晾晒，彻底晾干后，即保存食用。

干盐菜 以大白菜为原料，将大白菜清洗干净晾干水分，切成细片，放入蒸锅蒸至熟透。蒸好后，拨散开来，放在竹盘中晒制，当晒干后，再放入蒸锅中蒸制，颜色已经有些变深，然后再入蒸锅，进行第三次蒸制。蒸好后，晒至干爽即可。经过三蒸三晒后，菜干已经呈现出非常浓郁的一种香气就可以了。

山芋角 山芋角的制作是将山芋洗干净，然后将山芋切成条块状，再将切成的条块山芋放入锅里煮，煮熟后捞起，放到晒筐或簸箕里，拿到太阳底下晒干，再将干山芋角和铁砂一起放到烧红了的锅里炒，炒熟后用筛子将铁砂筛即可。山芋角松脆，香甜可口。

山芋角（2017 年） 陈达华 摄

腌菜类

熟渍白菜 白菜削去菜根、菜帮和多余的叶子，晒三天。大缸用开水消毒、洗净。白菜放入大锅，用开水过一下，叶子稍微变绿马上捞出来，控干水分，晾凉后，根部朝外往缸里摆，一圈一圈码到缸口。在菜缸上压一块大石头，倒入凉水，一定要倒满。第二天水位会下降一些，再加满水。一定要保证白菜不露出水面，如果白菜露出水面就会烂。这样连续加几天水，熟渍白菜就做好了。

火窖黄瓜 将鲜嫩黄瓜窖入灰夹碎火之中烫 2 小时后取出洗净切成条状在太阳下晾

晒一天后，拌上盐轻揉后，存入罐中密封一周后食用。其味松脆柔软，属上等咸菜。由于操作麻烦，仅少数农户有之。

腌豇豆 择鲜嫩豇豆洗净，用棕叶捆成小把，将罐中倒入开水、放上盐再将豇豆放入，用棕叶柄盖住再压上石头，密封罐口一周后食用。

腌胡椒 择老壳红胡椒洗净，将罐中倒入开水、放上盐再将胡椒放入，用棕叶柄盖住再压上石头，密封罐口一周后食用。

银禾姜 择鲜嫩银禾姜洗净切成丝，后上盐将其拌匀罐中，用棕叶柄盖住再压上石头，密封罐口一周后食用。

洋生姜 择鲜嫩洋生姜洗净切成片，后上盐将其拌匀罐中，压上石头，密封罐口一周后食用。

腌白菜 将白菜割倒洗净晒干水分，切成细碎片，再加上盐、生姜、胡椒等佐料反复搓揉出水头，再装入钵中揍结实，密封钵口，一周后食用。

腌萝卜 将鲜萝卜洗净晒干水分，切成细条状，再加上盐、生姜、胡椒等佐料反复搓揉出水头，再装入钵中揍结实，密封钵口，一周后食用。

山珍类

薇菜 别名巢菜、紫箕、野豌豆、元修菜、野苕子、野鸡头、扫帚菜。薇菜为蕨类植物紫萁的嫩叶柄，又名紫箕，俗称大巢菜、野鸡头、扫帚菜，属紫箕科多年生草本植物。

宝坪山区盛产薇菜，仅房县年产量1吨以上。采集雌株（呈扁圆形或耳形）去卷头、叶子和绒毛。可鲜食，或下沸水锅焯 3 ～ 4 分钟，经翻晒和搓揉而成干品，吃前用温水泡发。营养丰富，被视为“山珍”。

薇菜以未展开的孢子体嫩叶供食，营养丰富，味道鲜美，具有较高的食用保健价值；具活血平胃、明耳目之功效，是天然野生草本植物。

薇菜（2017 年） 陈达华 摄

薇菜的嫩茎叶焯水后可拌、炒、蒸、做汤、做馅。市场供应多为加工后的薇菜干，薇菜干品宜用温水泡发，泡发后食用，可制作成“凉拌薇菜”“青炒薇菜”“薇菜蒸肉”等。其根茎用清水浸泡 7 天左右，

葛根（2017 年）　　陈达华　摄

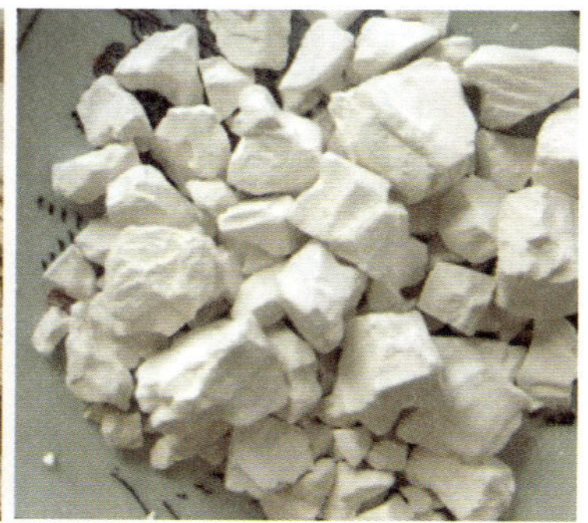

葛根粉（2017 年）　陈达华　摄

取出捣碎，经过滤可提取淀粉（称为蕨粉），能制作粉皮、粉条，有一定滋补作用。过滤可提取淀粉（称为蕨粉），能制作粉皮、粉条，有一定滋补作用。

葛粉　葛根生长在深山土壤比较厚且湿度较大的地方。从山中挖回葛根，然后将葛根洗干净，用石碓舂碎后（或用手工将葛捶碎），取出，放入木桶中，加水，搅拌。然后将搅拌过的水，进行过滤放入到另一木桶中沉淀，沉淀 1 ～ 2 天，然后将木桶中清水轻轻放掉，木桶底就是灰白的葛根粉，再将葛根粉取出晒干，这样葛根粉就制作成功。

蕨粉　蕨根生长在深山土壤比较厚且湿度较大的地方。

蕨根粉的制作方法：从山中挖回蕨根，然后将蕨根洗干净，用石碓舂碎后（或用手工将葛捶碎），取出，放入木桶中，加水，搅拌。然后将搅拌过的水，进行过滤放入到另一木桶中沉淀，沉淀 1 ～ 2 天，然后将木桶中清水轻轻放掉，木桶底就是灰白的蕨根粉，再将蕨根粉取出晒干，这样蕨根粉就制作成功了。

蕨根粉是从野生蕨的根里提炼出来的淀粉类做成的粉丝食品。因为蕨菜的根是紫色的，所以做出的粉丝也就成了“黑粉丝”。蕨根天然野生无污染，蕨根粉经工艺取其根部淀粉精制而成，保留了蕨菜根里大部分营养，对人体有保健作用。

蕨根是一种药食同源的天然野生植物，蕨根粉既可入药又可食用，富含铁、锌、硒等多种微量元素和维生素及多种必需氨基酸，其维生素 C 含量高达 28.6 多毫克 / 百克以上，有滑肠通便、清热解毒、消脂降压、通经活络、降气化痰、帮助睡眠等功效，有“清热解毒，降低血压，治疗冠心病”之功能，对咽喉疼痛、牙周炎、清火、泻痢也有很好的食疗效果。因此，非常适合作为食疗食品和夏季凉菜食用，是老人、孕妇、儿童理想的营养佳品。

◉ 生产习俗

种植习俗

中华人民共和国成立前，宝坪村境内农业生产劳动中，农事习俗甚多。中华人民共和国成立后，很多农事习俗已逐步去繁就简，特别是消除带迷信色彩的内容，使习俗成为丰富村民生活、增进友谊的载体。

踏青 每年农历正月初八，宝坪村男女青年会身着新装，到田野踏青，预祝庄稼丰盈。

开秧门 是稻作文化的一种仪式。有的农家开始栽秧时，要备酒宴，焚香点烛，祭祀神祖，祈保庄稼丰收，风调雨顺。其中，栽秧时，不能从别人手上接秧，说是接了秧要发秧疯（双手极度瘙痒）。

唱秧歌 秧子栽下半月，要薅头道秧，说是“秧子薅得嫩，当淋一道粪”。薅秧时要唱歌，有“薅秧不唱歌，田里稗子多”的说法。薅秧歌一人领唱众人和，有习惯性的歌词，也有触景生情，随编随唱，顺口、押韵、诙谐，以解疲劳。如“太阳出来喜洋洋，大田薅秧行对行。这边唱歌逗幺妹，那边唱歌惹情郎”等。

尝新 稻谷成熟后，农家用新米煮饭，并备菜肴，供在桌上。吃饭前，先请天地再拜祖先。祭毕，挑一碗饭菜喂给狗吃，看狗先吃何物，预兆物价贵贱。然后，一家人围在一起尝新米饭。

孵蚕种 清明时节，蚕农用棉衣裹着蚕种，放在自己怀里孵化。也有的蚕农在农历三月初三时，怀抱着蚕种登山，意为祝粮食丰收。

生产习俗中有两忌。一是忌说：清晨出工忌说“蛇”、“虎”（改称“长虫”“爬山子”）、“刀杀”、“鬼打”。种麻、种豆忌说“雀啄”“不生”；插秧忌说“干”“淹”“不发”；打谷扬场忌说“冇风”“冇打头”；盘塘刓、围堰忌说“穿”“漏”；砌塘岸、田岸忌说“崩”“垮”。二是忌做：斗笠、帽子、冲担、扁担忌人横跨；犁、耙、耖、石滚、风筛忌人晾晒下身衣服；忌往田里、塘里丢石头；忌在田堑、塘堑上挖树兜。扯稗花不能往周围田里扔，塘刓桩不能摇，山区田埂不能让牛走，田缺不能让人踏。

饲养习俗

养猪 猪一日喂三餐。食物以糠麸、溲水、野菜拌之。多散放，很少圈养。肉猪多在春节前屠宰，宰时套猪的绳子拿回，在灶门口绊一绊，唤几声，意为不空槽。

养牛　牛自暮春到初冬都在野外散放，农忙季节割草少补。冬季时，除饮水、晒太阳外，不出栏。长日喂稻草、豆衣、干苕藤，间或调配大麦、黄豆、麻饼末，用以保膘、追膘。有时还给牛灌菜油、麻油，以清火解毒。

母牛自行配种。小牛养至一岁半穿鼻栓。两岁半教犁。教犁用黑布蒙住牛眼，开始由人牵着走，后渐脱手，去蒙布。公牛至三岁，请兽医去“势”，俗称“阉牛”（骟牛）。尔后或老或不中意则与人调换或卖掉。

养鸡　子鸡用母鸡（俗称“抱鸡婆”）孵化。孵种蛋或自选，或与人换。换种蛋不过河，俗谓过河会成“寡鸡蛋”。鸡窝一般放在门角落处，白天将鸡逐出室外觅食，天晚鸡可以自回。

农家将兽禽饲养作为家庭副业，养牛为耕作之用，养猪、鸡增加收入。春节期间，猪栏、牛栏、鸡窝都要贴上“六畜兴旺”等红纸条幅，祈求畜禽平安。

饲养俗语　旧俗，人视“儿孙满堂、六畜兴旺”为美满家庭。猪、牛、鸡家家必养；羊、鸭、鱼、蚕、蜂、猫、狗的饲养因地制宜。改革开放前的经济拮据时期，鸡被誉为“鸡屁股银行”。有关谚语不少：“喂猪能赚钱，外肥几亩田”“鱼长三伏猪长秋”“朝中无人莫做官，家中无牛莫种田”“黄牛怕进九，水牛怕出九”“牛栏通风，干活能冲”“牛要喂得好，圈干饱食露水草”“春牛要冷，冬牛要暖”“渴不急饮，饿不急喂”。

手工业习俗

宝坪砌匠、木匠、织布、纺线、缝纫等手工艺人持一技之长独立营生。走乡串户俗称“做上工”。东家供吃喝，付工钱。故有“天下饿不死手艺人”“家有良田万顷，不如伴艺随身”之说。80 年代，补锅、染匠、铜匠、画匠、雕匠等行当逐渐消失，代之而起是家庭装修、机械修理、烹饪、电氧焊、机动车驾驶、家用电器维修、美容美发等新行业。部分行业由个体经营逐步形成规模化企业，如制衣、砖瓦、建筑等。以新型行业为主技艺传承，部分依靠拜师学艺，部分通过专业技校培训，使用机械加工行业和领域不断增加和扩大，机械也不断增加。

木匠、篾匠、漆匠　木匠崇拜的祖师是鲁班。木工有“方木”“圆木”之分。“方木”主要做门窗和桌凳椅床等家具，人数较多。“圆木”专门作盆、桶等圆形用具，人数较少。旧例做家具。桌面、锅盖所用的扳子取单不取双；苦楝树不做门，栗树不做门头，枫树不打床，株树打床最耐用。请木匠上门制结婚用床或给老人做棺木，都要杀鸡备酒菜宴请，还要多付一点工资或另加喜钱。篾匠所用的原料是竹子，制品有筐、筲、筛、篮等农用家具，也有竹床、竹厨、竹椅等家具。中华人民共和国成立前，漆匠都是以本地生产的生漆为原料，漆和桐油都要熬熟，技术比较复杂。中华人民共和国成立后，化学漆普及，漆匠大多都是上门服务。油漆结婚家具和老人棺木，报酬也要从丰，俗称“漆半工”（做半天活，按一整天计算报酬）。

砖匠 砖匠给人做房，上梁时要放鞭炮，要说吉利贺词。“起首”和“上梁”木匠都算双工资，给人砌灶（俗称锅台）不以天计工资，一口锅多少钱（300 元）。灶门习惯朝南、朝西或朝东，不能朝北。给人在墙上开门，一个门半工工，俗称“门半工”。建房需砖匠多，乡间砖匠大多组成不甚严密的“班子”，二三个师傅带几个徒弟，如工程大则临时请别的班子协助。80 年代后，私人建房大多采取承包形式。

裁缝师傅 裁缝师傅俗称裁缝。可在家营业，工资计件；也可上门服务，以天计工。开裁缝铺聘请客师工资大都采取分成办法，由店主供给饭食。上门给出嫁闺女做嫁衣，主人要备酒宴，还要另加喜钱。

理发师傅 理发师傅俗称剃头佬。农村理发是上门服务，有固定主顾，一般半个月上门一次，大的屋场主顾多，往往一连二几天，婴儿剃胎毛日期无定规，大都是满月、百日或周岁，还有满三岁的。理发师傅上门要带糕、红线（搭在婴儿头上志庆）。富裕户，理发师傅甚至用红纸包喜钱给婴儿，主人要成倍回敬。70 年代前，没有女理发师。70 年代后，人们的观念改变了，年轻女理发师比比皆是。如今，上门服务理发已逐渐减少。

拜师与收徒 百工七十二行，行行都有誉祖的习惯。一入师门，恪守师承，听从师训，遵守行规，维护本行荣誉，夸耀祖师技艺。木、石、砌匠皆言其祖师为鲁班；金、银、铜、铁、锡、窑、补匠言其祖师为李老君；裁缝说他的祖师是始制衣的轩辕氏；打鼓说书者昭耀蓝彩等。各行各业都有自己的行规、行语、禁忌及拜师仪式、传授技艺方法。双方关系一经确定，就得恪守“一日为师，终身为父”之约。收徒方式：先由人介绍，如师傅同意，再回复家长。家长沽酒割肉，携带子弟登门拜师，或在家中设宴待师。学木匠的先拜鲁班，再拜师傅，后订师约，宣布师规。学徒期间，师傅只供伙食，不开工钱。外出做工，徒干粗活，打下手，挑工具箱，侍奉师傅起居。学艺，多看少问，与雇主谋事，由师做主。讨取工钱，徒弟劳步。徒往师家，干农活，充脚力，做家务，带小伢，什么都做。若犯师规，任师打骂。师傅的高着、绝招一般不轻传、要留一手，以防徒超过自己，“抢了饭碗”。有的保守终身，直到病老咽气前才传给亲人或得意门生。通常传子不传女。学徒期满，徒家办过“出师酒”，师傅赠工具一套，以示“衣钵相传”，并且让出一块立足之地，让徒独立寻主。尔后，徒弟如对师不敬，必遭同行谴责。随着时间的推移，有些规矩已简化，有些习俗仍在传承。

行规俗禁 手艺人讲求手脚稳当（指无偷捞爬拿恶行），言语诚实，态度良好，品行端正，不挑嘴弄舌，不惹是生非，能尊重主家，取信于人。年初做“开张活”，主匠一道“开张大发”，一道“恭喜发财”。主家“把汤”，匠人推谢而后食之。年终做“辞岁活”，要求干净利落。临行，主家送红纸包（内包工钱）以示谢意。

匠人规矩各异，也有小同。相同的是，一般离家十数里的不在主家留宿，需要留宿的自带行李。木工早去晚归，斧头不离身，行走夹肋下，晚间用以防身或曰避“邪”。石匠晚归只带“五尺”，用意同前。木匠干完活将斧头放工作凳脚边，口朝凳里。挑工具用矮身篮子或以绳子串之，不用箱，不上锁。理发匠或挑担，或提篮。吃饭派零餐，只用中餐，无须特别招待。唯年初剃“开张头”和为婴儿剃毛头才“把汤”，并封“利市”。剃头规矩：下刀处男左女右；光头，上午从左，下午从右；和尚下刀于前，道士下刀于后。给新郎剃头要讲恭维话，给老人剃开张头亦取兆头，对生意人亦然。木匠打嫁奁、裁缝做嫁衣要讨“喜头”。

工匠各有各的禁忌。裁缝做寿衣用丝、棉、麻布，不用皮毛料；衣扣不打连环扣，亦不用硬质扣。木匠的工作凳自己不坐更不让他人坐。做屋，桁条、桷子只准单，不准双。木匠做梯子“踏七不踏八，踏九不踏十”。

行业礼俗 石匠给人建房，下第一个基石，要收“下脚礼”，安过门石要收“过门礼”。猪圈修好后，打扫圈要收“扫圈礼”。木匠给人建房，钉门时要收“安门礼”。房屋修成要踩梁，除收“踩梁礼”外，踩梁前要烧纸敬祖师爷以求平安。过梁时向下丢斧头之类的工具。丢时问下面有没有人，主人要回答“有”，以示将来人丁兴旺。土匠给人建房打土墙，打第一板墙时，要收“架墙礼”，墙过大门时要收“过门礼”，墙筑完后要收“下墙礼”。砖瓦匠给人烧窑，装好窑点火时，要收“点火礼”。理发匠给婴儿剃满月头，要收“胎头礼”，腊月十六日到春节前给人剃头，不掏耳朵。裁缝给姑娘缝嫁妆，要收“开剪礼”。各种工匠春节后到第一家做工，要收“出行礼”，以示开门红。青少年学艺要拜师，写投师文约。学徒期间，只做工不得工钱。学徒期满要谢师，给师傅送衣帽鞋袜，要办酒席，还要给“谢师钱”。师傅要回赠一些简单的工具。徒弟若未谢师，不得单独给人做工。

商店开业，要选择吉日，张灯结彩，悬挂“开张鸿发”布标，燃放鞭炮，杀鸡公，备刀头（煮熟的一刀猪肉），焚香秉烛敬财神，接纳亲朋祝贺。农历正月初一商店不营业，说是营业会送走财神爷；每天早晨不得换零钱给别人，说是拿进的张数少，拿出的张数多，当天的生意就不好。做生意的腊月十六日至年底，卖东西不赊账，还要悬牌“年关在迩，请消台号”，催收欠账。商店开门营业后，对第一个顾客要尽量争取成交，说是不成交，当天生意会萧条。药铺、当铺忌对客户说“下次再来”。猪牛买卖议价，多由经纪人撮合。经纪人分别与卖方、买方在袖口里或长袍下暗中摸手，捏指头示数。经纪人从中获利。买卖成交后，买方要留三分之一的钱不付，卖方要包三个场期不发生瘟病或死亡，买方才得付清尾数。如果出现瘟病或死亡，卖方要全部或部分退还买方的钱。这种买卖要请场镇店铺担保。

1950 年后，各种带有迷信色彩的习俗全部废除。1956 年后，国营商业、合作商业占主导地位，旧的商业习俗基本废止。1980 年后，一些工匠习俗、商业习俗又逐渐恢复。

◉ 生活习俗

发型　发型因时代不同而变化。清末，男子脑后蓄发辫，女子满头留长发梳辫绾于头后。民国时期，男子发辫理平头，青年蓄分头（俗称西装头），老年人剃光头，小孩蓄“流海”或“顶达”，女孩扎小辫（俗称羊角辫），女青年扎大辫，婚后绾髻或剪短发。中华人民共和国成立后，60 年代男女发型单一。80 年代后，青年妇女烫发普遍，老年妇女多剪发。男青年多留运动头、畜长发，妇女绾髻和老年人剃光头较少见。

生活用具　中华人民共和国成立前，一般家庭备用木本色家具，如平头床、两门柜、大方桌、长条凳、独屉桌以及木箱、碗柜等，牢实耐用。富裕户则为雕花家具，如架式床、八仙桌、三屉桌、背靠椅、大衣柜、书橱、盥洗架等，古朴文雅。夏季纳凉，家家备有竹床。一般人用大蒲扇，读书人用折扇。冬天取暖，多用木制火炉（里面是泥钵），或在火堆旁取暖。防雨具有棕制蓑衣、篾制斗笠、油纸伞等，少数富裕户备有“洋布伞”，黑色、长柄。灯具类有竹制灯盏、木制灯盏、铁制灯盏。60 年代，开始用煤油灯。解放前后，村民多以松节照明，篾制火把引路，用手电筒的极少。餐具多为土制的，如土盆、土壶、土钵、瓦碗之类，也有粗瓷碗，细瓷碗极少。儿童玩具有鸡毛毽、铁环等。

中华人民共和国成立后，50 年代多承袭旧时用具。60 年代后，搪瓷、塑料玻璃使用十分广泛，照明用灯盏绝迹，穿蓑衣、点松明子成为历史。80 年代，青年男女结婚，一般备有大衣柜、三屉桌、床头柜、洗衣机、缝纫机、自行车、电风扇等。部分家庭还购置有沙发、录音机、电视机、电冰箱、空调等高档家具。家具制作日益讲究。轻便、多用、大方、美观是其特点。儿童玩具形色百态，具有启发智力、有益健康的功能。进入 21 世纪，宝坪农村普及电视、电话（固定电话和手机），电脑普及率达 75%。

◉ 节庆习俗

过年

春节时农村最隆重最盛行的节日。十二月是腊月，腊月初八称“腊八”。早先传说这天是释迦牟尼成道的日子，寺院都要煮粥祭佛，后来成为民间习俗，以示五谷丰登。此日，人们习惯打扫房子、庭院卫生，干干净净过大年。这一天还要做“腊八粥”，即用绿豆、黑米、糯米、黄豆、芝麻、红豆等杂粮混合做成，以示五谷丰登。每日食用适量，有延年益寿之效，此俗沿袭至今。

一到腊月，农村家家户户忙年，如烫豆粑、熬米汤、芋糖、切米糖、芝麻糖、打豆腐、杀年猪、蒸米粑，做糯米圆子、豆腐圆子、芋粉圆子，统称“三圆”。农村办喜事通常设“三圆席”少不了这种圆子。到腊月二十家家上街办“年货”，如烟酒、香纸、爆竹、年画、门神、春联纸，还有一些杂菜之类。

送灶神　腊月二十三晚上，家家都要送灶王爷上天，通常是在厨房内烧香礼拜，祝赞一番，到除夕年饭前接回。

接祖人　腊月二十四日，俗称“廿四夜”“小年”。此日作为年尾，农村家家都烧香放爆竹，备贡品礼拜，接已故的祖辈回家欢聚过小年。到正月十五日晚再回去。

供祖人　腊月二十九日煮“猪首”、炸菜肴、蒸鱼肉。完事后，荤菜每样备上一分供品，并备上香纸、炮竹、酒饭，统一到公共堂屋祖人牌按长幼顺序排列集体“上供”，并礼拜一番。

贴春联　大年三十，宝坪家家户户有贴春联习俗。宝坪有句俗语：“有鱼有肉不算你，贴上春联才算年。”春联是辞旧迎新的重要门饰，象征着吉祥喜庆，深受人们的喜爱与欢迎。宝坪的春联，种类颇多。楹联，贴在房柱上；门联，贴在门上；窗联，贴在窗两侧；楣批，贴在门楣上；还有一方红纸上书写一个斗大的“福”字，贴在门页上，有的还将“福”字倒贴，取意福到了。

除夕 腊月三十日，是大除夕，俗称“大年三十”“大年夜”。宝坪有“还年”之俗，三十日早晨，同姓同宗同族，即家家户户，挑着或端着各种祭品，一起到先祖牌位前举行祭祀。（也有二十九日“还年”的）。“除夕节”是家庭团聚的重要时刻，一般家庭，全家团聚，备有丰盛菜肴，吃团圆饭。吃团圆饭，各姓氏规矩不一，有的是早餐，有的是中餐，也有的是晚餐。这一天全族男丁还要上祖坟“标坟挂纸”祭奠祖先。此日许多家庭贴春联，挂年画，贴门神，备新衣。许多家庭有长辈向小辈送“压岁钱”的习俗。天黑前，家家户户都要打开所有房间的电灯，并且通宵不关灯，以求“房房灯火房房亮”，永远人丁兴旺。除夕夜，民间有烧火盆“守岁”习俗。现在许多家庭吃完晚饭，全家人收看春节联欢晚会，午夜 12 时一过，爆竹声声震天，连绵不断。可谓“爆竹声声辞旧岁，梅花朵朵迎新春”。

正月初一 俗称“大年初一”。岁朝子时开始，由当家人开门、放爆竹，接着是出天方。旧时出天方时间是早晨 8 时至 10 时左右，全村男性集中到本屋祠堂祭拜天地，燃放爆竹，祈福国泰平安，共祝家福家寿。礼仪讲究，程序复杂。正月初一，宝坪人现代风形“打电话”拜年。

正月初一“不扫帚，动则垃圾往屋角里堆放”，茶水不往外泼洒，意示“年年有余，财积如山”。过去的习俗是“初一不出门，初二拜家尊，初三、初四上舅门，初五、初六拜亲朋”，现在农户打破这一常规，初一照常出门给族里相亲拜年。

上弦日 正月初七，俗称“上七日”“上弦日”“上年头”。农村有接女客（女儿、姑姑、外祖母）回家过“上弦日”的习惯。另外，这一天黄昏家家户户都在鸡埘门口放鞭炮“以驱野猫和黄鼠狼”。大人们做竹子栝猫，让孩子们到各家各户去驱赶野猫和黄鼠狼，女主人便送一些米糖、瓜子之类，以示感谢。

过元宵 正月十五，是元宵节，也叫“上元节”。这是春节后的第一个月圆之夜。相传，汉文帝（前 179—前 157）为庆祝周勃于正月十五勘平诸吕之乱，每逢此夜，必出宫游玩，与民同乐，并将正月十五定为元宵节。司马迁创建《太初历》，将元宵节列为重大节日。隋、唐、宋以来，更是盛极一时。《隋书·音乐志》曰：“每当正月，万国来朝，留至十五日于端门外建国门内，绵亘八里，列戏为戏潮，参加歌舞者足达数万，

元宵灯会中的舞龙（2017 年）　　陈达华　摄

元宵灯会（2017 年）　　陈达华　摄

从昏达旦，至晦而罢。”随着社会和时代的变迁，元宵节的风俗习惯已有了较大的变化，但至今仍是中国民间传统节日。过元宵节，有吃元宵和观灯的习俗。元宵以糯米粉为皮，内裹果料糖馅，圆形，是“团圆”的象征。此日晚，家家放鞭炮，送祖人，谢灶接灶君。农村过去有亮灯的习惯，古语云“三十夜的火，元宵夜的灯”，即除夕夜要通宵烧火、亮火，元宵夜要通宵亮灯。这一天家家门头挂红灯笼，以示吉祥红火。另外，有吃“汤圆”的风气。农村有“元宵，元宵，圆子全消”之说，所有过年剩下的“圆子”之类全部吃完。

过去，元宵节有闹花灯、玩狮子舞的习俗。

花朝节　农历二月十五日（也有人说是二月初二日或二月十二日），相传为百花生日，所以叫花朝。农村过去有种花、插花、妇女戴花的习惯，并做粑庆贺。

清明节　冬至后 106 天、农历二月末三月初春分后的十五日为清明节，清明节古时也叫三月节，已有 2000 多年历史。清明节，是二十四节气之一。在二十四节气中，既是节气又是节日的只有清明。清明节原是祭祀祖先的节日，而如今更多的是在这一天开展祭扫烈士陵墓、悼念先烈的活动。祭祀时形式是挂“龙钱”，每坟必到，烧香放爆竹，修坟填土。现代有人改为献花、供果品，以表达对亲人的思念之情。现时，许多姓氏恢复了大规模的祭祖活动，参祭人打着姓氏族旗、龙凤旗、彩旗，组织乐队、车队（有的有大小汽车几十辆），抬着整条猪作为祭品浩浩荡荡穿街过村到墓地，行祭礼、读祭文、至尊至诚。清明时分，天气转暖，草木复萌，人们常常结伴到郊外踏青、放风筝、欣赏春光，所以清明节有时也被称作“踏青节”。为了保护森林，现在宝坪人上坟祭祀不烧香、放鞭炮，只献花、摆祭品以示纪念。

上巳日　农历三月初三，为上巳节，是一年中第一个“鬼节”，据说是纪念介子推的。相传夜晚能看得见“鬼火”，禁止小孩观看，以防“中邪”。山里过节有做“毛香粑”的习惯。

端阳节 农历五月初五为“端阳节”，也叫“端午节”。《太平御览》卷三十一引《风土记》有“仲夏端五，端，初也”之句。一般认为，它是为纪念中国古代诗人屈原而产生的。屈原（前340—前278）是战国时期楚国人，他因自己的政治理想无法实现，又无力挽救楚国的灭亡，当秦国灭楚后，五月初五抱石投汨罗江自沉；江边群众得知，便纷纷驾舟打捞屈原尸体。为纪念这位伟大的爱国诗人，后人把这天定为端午节。每逢端阳节，家家户户习惯用芦箬包咸肉、枣子、糯米粽子；家家户户门上挂或插上菖蒲、艾叶；民间有带香袋、赛龙舟习俗。香袋表示屈原的品德节操如馨谥艺，万古流芳；粽子原是防止鱼把屈原的尸体吃了，后成为节日食品；划龙船则表示去营救屈原。据说菖蒲、艾叶煮汤饮用，有止痢、去风湿之功效。

七夕节 农历七月初七为“七巧节”，又名“七夕节”“女儿节”“情人节”。据神话传说，这日晚是“牛郎织女”在“鹊桥相会”的日子。

中元节 农历七月十五日，俗称“七月半”，是“中元节”，是传说中地官的生日，所以又称“鬼节”。佛教徒这天要设“盂兰盆”，施斋供僧，举行诵经法会以及水陆道尝放河灯等宗教活动。中国大约是在梁武帝时（502—549）始设“盂兰盆斋”的。中元节这天也是传统祭祖的日子。

中秋节 农历八月十五日为“中秋节”，也称“团圆节”。八月十五居秋季之中，故名“中秋”。中秋节最早源于古代帝王秋天祭月的礼制。魏、晋、唐、宋以来，逐渐演变成赏月的风俗。“中秋”一词，最早见于《周礼》一书，而真正形成全国性的节日是在唐代。据传这个中华民族重要节日的形成与“唐明皇梦游月宫”的故事有关。在古代，每逢中秋，人们就用精制的糕饼祭奉月神；祭奉之后，全家人分吃，表示合家团圆欢聚。这种风俗，一直流传到今天。宝坪习惯于做“糍粑”，许多人家这一天打豆腐、称肉，做一桌丰盛佳肴，以庆祝一年的丰收。这一天，许多女儿家携着丰盛礼物回娘家以报答父母的养育之恩。许多家庭习惯合家团圆，吃各式月饼，共赏圆月。如今人们盛行买月饼馈赠亲朋好友。有的大人乘皓月当空到别人家菜园里摘瓜果，名曰“摸秋”，不算偷。中秋节已成为宝坪人定亲、结婚的良辰吉日。

重阳节 农历九月初九日为“重阳节”，登高敬老，现称“老年节”。重阳节是魏晋以后兴起的节日。“重阳”“重九”之名，肇于三国时期。主要有五种传统习俗。一是登高，此时秋高气爽、景色宜人，正是游历的好季节，既可以陶冶情趣，又有益于健康。二是插茱萸，可驱秋蚊灭虫害。三是饮酒赏菊，农历九月正是菊花盛开之时，观赏千姿万态的秋菊，喝几盅菊花酒，也是重阳节的乐事。四是食重阳糕，人们把粮食制成白嫩可口的米糕，谓之重阳糕，而“糕”又与“高”谐音，意为步步高升。五是开展敬老活动，从古至今重阳敬老之风绵延不绝。

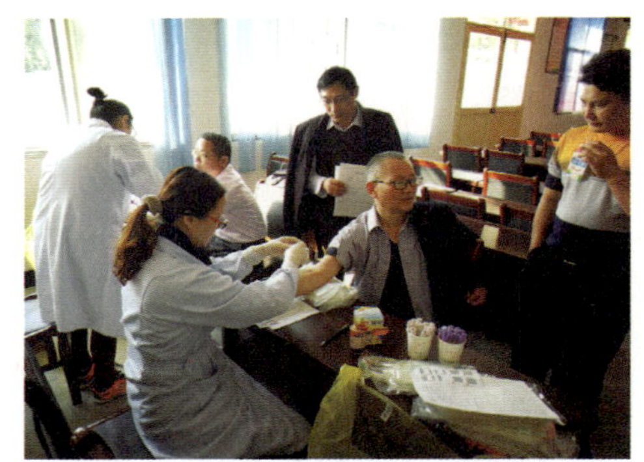
村民献血（2017 年） 陈达华 摄

此日正值深秋，天高气爽，许多文人雅士相邀上名山，登高处，吟诗作赋，赏菊花、赏秋天的景色。农村有俗语“过了重阳无时节，一茬霜来一茬雪”，意思是重阳是一年之中最后一个节日。

◉ 礼仪习俗

宝坪礼仪习俗有宝坪婚俗、生育礼俗、寿辰礼俗、丧葬礼俗等，生动呈现望天风情，其中宝坪婚俗最具特色。

婚俗

《礼记·昏义》中有“六礼”：纳采、问名、纳吉、纳征、请期、亲迎几个婚嫁环节。纳采就是初步商定婚姻意向，问名是问女子的姓名，纳吉是卜算婚姻是否吉祥，纳征是收受聘礼，请期是婚嫁的日子，最后，男方到女方家迎娶新娘。随着社会的发展，对“六礼”的名称多有并省和易改，但内容未变，全过程中又增加了不少琐碎的细节。宝坪婚俗也不外乎如下几个环节：说媒、相亲、过礼、择吉、迎娶、拜堂、喜宴、闹新房、回门。

说媒　男家请媒人（红娘，又称媒婆）向女方传递和说明缔结婚姻的请求。封建社会男女“授受不亲”，强调“天上无云不下雨，地上无媒不成亲”。男女双方一般都要经人从中说合，才能“结丝罗”“偕秦晋”“结连理”“通二姓之好”。这种说合，就叫“说媒”。有媒人主动说媒，为双方牵线搭桥；也有“受人之托”，成人之美；还有“安媒”，在没媒人情况下，男女双方已谈好，或已恋爱，邀请安排一个媒人。媒人可以是一人，也可以是两人，这要看媒人的情况而定。如果对男女两家情况都比较熟悉，一个媒人就可以了。否则，媒人就要各了解一方情况的二人担当。

说媒也叫议婚，议婚即是商量婚事。婚姻原本是男女双方当事人的事情，应当由他们自己决定，但在传统婚姻中却不是这样。传统婚姻讲究“父母之命，媒妁之言”，议婚主要是双方家长的事，与当事人关系不大。所以婚姻的开端叫议婚，而不叫谈恋爱。

议婚中非常重要的是了解男女双方的家庭情况，家庭情况主要是看财产、社会地位、人口构成、为人口碑等。议婚最重视诚信，媒人介绍情况，不能弄虚作假、隐瞒真情。否则不管哪一方发现事情有假，婚事都会告吹。媒人的名誉也会受到损害。听过媒人介绍，如男女两家都有几分同意，议婚就算圆满成功，婚姻礼俗便开始进行下一步程序——相亲（或叫探家、也叫看人家）。

相亲　在男女婚姻达成初步意向之后，首先是女方先要到男方“看人家”，诚探男方家底任何。看看男方地方好不好，房屋有多少，兄弟有几个。姑娘在媒人的带领下到男方上门，男方接姐姐、妹妹、表姐、表妹或同学朋友来陪，表示欢迎。如果在男方家吃饭，说明已看中。姑娘临走时，男方父母要送红包给姑娘。不吃饭走了，说明女方没看中。

订亲　看中了人家就要“走步”，意思是正式订亲。订亲当天女方家母亲、婶婶、姑姑、兄嫂和女人本人都要到男方家去，男方摆酒席招待客人，走时要送女方各位红包，并以礼炮接送。订亲之后，男方要到女方家上门，即“新女婿上门”。男方准备“折礼”，在媒人的带领下上女方家订亲。过去，男方要做“筑粉粑”、割肉、买酒、买烟，现在也有根据女方父母意思，一般奉上红包即可。

订亲之后算正式开亲，男方每年要送女方三节礼（端午礼、中秋礼、春节礼），男方还要送女方父母生日礼以及女方亲房红白喜事礼。

准备结婚时，要提前叫人查日子（吉日），日子择好后，男方准备送日子。日子写在用红纸折成的八行书上。

宝坪地方民俗用的结婚定日（男方送女方）的八行书版本格式、标准编写如下：

喜庆习俗用具——粑印（2017 年） 陈达华　摄

筑粉粑（2017 年）　　陈达华　摄

第一步，把红纸折成八行。第二步，写个草稿。要求不管男方父母年龄多大，一律写成姻弟称呼；每行字数成双，通篇行数成双，通篇字数成双，第一行双喜字书写占一行，算行算两行。第三步，正式书写，用毛笔写竖行字，通篇从右往左书写，字体端正，布局整齐，不能有错字和改写的字。

1 行：囍

2 行：眷姻弟某某某偕室某氏　　端肃

之子于归

鹊桥代嫁

3 行：两姓联姻　（或“朱陈结好”）

百年好合　（或“秦晋联姻”）

4 行：谨选

某某年某某月为令媛于归之期

5 行：呈

尊亲某府某某钧台某氏妆台　　惠鉴

6 行：相亲相爱　（或“鱼水千年合”）

宜室宜家　（或“芝兰百世香”）

7 行：某某年某某月某日　原名载拜

8 行：白头偕老

永结同心

写好后，确认无错，再用红纸作个红包样式将写好的八行书装入红包，不能封口，在红包上写上天作之合。上面格式里的 3、6、8 行文字可进行更改，只要是吉利的字数成双就可以。

送日子要准备丰厚的礼品。过去有“粑一千，猪一边”的说法，还要准备礼金。

嫁妆布鞋（2016 年）　　陈达华　摄

婚期在即，男女两家都要杀猪宰鸡，准备宴席，还要请好厨师、傧相、伴娘、轿夫（司机）及其他帮着办事杂勤人员，做好迎亲摆宴的准备工作。

传统婚礼一般是女家早晨“出嫁酒”，男家中午摆喜筵；如果是纳婚（招郎——男到女家）则反之。

结婚日前一天晚上，女方有“哭嫁”的习惯，相传是越哭越发。结婚日当天，女方要向父母、哥嫂、兄弟姐妹、至亲至戚等行礼，每位亲人要送“红包”。

迎亲 一切准备就绪后，男方带上彩礼，备足香烟。由身旺之人去迎接新娘，男家鸣炮奏乐，发轿（车）迎亲。媒人先到，接着是新郎、伴娘、花轿（轿车）、乐队、礼盒队。

女家在花轿（轿车）到来之前，要准备好喜筵。姑娘要由母亲或姐姐梳好头，用丝线绞去脸上的绒毛，化好妆，谓之“开脸”，然后饰上凤冠霞帔蒙上红布盖头，等待迎亲的花轿（轿车）。

出门前，女方要换鞋或者哥兄背出门，意思是不把娘家好运带走。花轿（轿车）一到，女家奏乐鸣炮相迎。迎亲队伍进入女家堂屋后，花轿落好，新郎叩见岳父岳母，并呈上以其父名义写好的大红迎亲简帖。接着是女家奏乐开筵。席间媒人和新郎要小心谨慎一些，因为民间有不少不成文的习俗，在新婚的三天里，亲朋戚友中的平辈和晚辈青少年可以别出心裁地在媒人和新郎身上编演几出小小的闹剧，称之为“洗媒”和“挂红”（俗称“贺新客”）。新郎的嫂子会在盛给新郎的饭碗下层埋伏半碗辣椒面；新娘的妹妹会在斟酒时特别给姐夫抹一把锅底灰。对这些增加欢乐气氛的小闹剧，媒人和新郎应该容让——虽不妨也“以其人之道还治其人之身”，小小地报复一下，但绝不能生气、发火，甚至和主客吵闹、扭打。

早宴之后，新郎新娘在媒人的引导下向新娘的祖宗牌位和长辈行过礼之后，伴娘就可以搀着新娘上花轿（轿车）了。

上花轿（轿车）前，新娘要痛哭，以示对离别父母家人的依恋。哭嫁是迎亲仪式中的一种独特的风景。女子拜别养育自己多年的父母，到一个陌生的环境，心中少不了不舍的茫然，于是悄悄饮泣，甚至失声痛哭。哭嫁的程序一般是先要母女对哭，姑嫂对哭，后由周围邻居未婚姑娘和青年媳妇前来陪哭。哭者和陪哭者都拿着手绢坐在床上，两人一仰一俯地对哭，其他伙伴低声饮泣。陪哭一个接一个，直到新娘哭倦了才停止。有时亲戚相邻前来送礼看望，也会相对哭一阵，作拜贺答谢之礼节。等到上轿（车）时，哭嫁终于达到高潮，这时不仅要痛哭，还要边哭边唱，其内容有感谢父母养育之恩的，有拜别兄弟姑嫂的，有痛骂媒人多事的，也有恋恋不舍，不愿上轿的。

姑娘上花轿（轿车）后，即奏乐鸣炮，启轿发车亲，乐队在前，乐队后面是新郎，接着是新娘坐的花轿（轿车）及其他送亲的人员。

接亲的队伍将要到达新郎家门口时，男家要鸣炮奏乐相迎。花轿（轿车）停在新郎家的堂屋门前，男家请的伴娘（一般是年轻美貌的女子）要上前掀起轿帘（或打开车门），将新娘搀下花轿（轿车）来，傧相上前赞礼，宾客向新郎、新娘身上散花（一般用红、黄各色纸屑替代），将婚礼推向高潮。

拜堂　亦称“拜天地”或“拜花烛”。

拜堂的仪式是在喜堂正面放一张供奉天地诸神的“天地桌”，桌上放置天地牌位、祖先神座花烛等之外，还有盛满粮食的米斗，斗中插有弓、箭、尺、秤等物，俗称“三媒六证”，表示这门婚姻男女相配，合礼合法。“天地桌”两旁各摆一把椅子，准备给男方的父母接受拜礼时坐的。吉时一到，燃香点烛，奏乐鸣爆竹，乐止，司仪喝令，新郎、新娘分男左女右站定，随掌礼人喊令声开始跪拜。拜堂的口令是“一拜天地，二拜高堂，夫妻对拜，送入洞房”。

礼毕。主婚人讲话、介绍人讲话、来宾讲话、新郎、新娘介绍恋爱经过。

拜堂礼毕，新郎、新娘入洞房。

在传统婚礼进行的前一天男家已张灯结彩，布置讲究。

堂屋门前对联一副，例：

新婚堂上共饮幸福酒，花烛庭前同唱和谐歌。横额：燕尔新婚

天喜地喜催得红梅放，主欢客欢迎将新人来。横额：百年好合

席上愧无鱼贵客来临弹铗唱，门中能引凤愚男正喜弄箫吹。横额：天赐良缘

新人新事新气象新婚燕尔，好日好时好风光好合百年。横额：喜气盈门

洞房联，例：

日丽风和桃李笑，珠联璧合凤凰飞。横额：鸾凤和鸣

连理枝喜结大地，比翼鸟欢翔长天。横额：五世其昌

厨房：对联一副，横额贴“喜”字。其他门头也均贴“喜”字。

拜堂之后，新娘便在新房落座，不再出来。新郎要走出新房接待贺客。如果在宾

馆、酒家宴宾，则夫妻双方都得出去会见宾客并向宾客敬酒。

宴席礼仪　主事人安排东家鸣放鞭炮开席。

主事人在喜堂大声宣曰："今天洞房花烛大喜之日，欢迎各位亲友大驾光临，为主人送来恭贺，我代表东家表示真诚感谢！俗话说：好客无好主，如有招待不周的地方，愿诸位多多包涵。下面宣布席面安排：第一桌，新娘的娘家客人；第二桌，舅爹家客人；第三桌，母舅家客人；第四桌，姑姑家客人；第五桌，媒人；余席，其他亲朋好友等。各席执酒壶请客人入席。"（一般新娘的娘家客人，安排在新郎家里。根据各地情况不同，可多安排几个堂屋安排席面）

席位安排。一桌十人，上下各坐三人，左右各坐二人。右座上为首席，左座上为第二席，右座下为第三席，左座下为第四席。上方三人为陪席，一般为本族长者。下方三人，左座的接菜，右座是执酒壶者。执酒壶者必须是辈分相当，而且有酒量者担任。

席间礼仪　开席之前，宾客坐定，端上装满各类瓜子、喜糖的桌盒。边吃边聊，吃完后，正式开席。

第一碗，一般都是瘦肉拌大红枣，意味：早生贵子、多子多孙。上第三碗菜时，放一挂鞭炮，主事人出场说："各位亲朋好友，你们多礼，花费了银钱，无菜的白水酒，多喝一盅。"这时全体站起来。然后各桌陪席的说："坐、坐。"众宾客才坐下。

婚俗礼品（2017 年）　　陈达华　摄

婚宴“五子登科”菜（2017 年） 陈达华 摄

酒过数巡，新郎和新娘出来一一敬酒、敬烟，向亲朋好友表示感谢。筵席结束前，媒人早已溜走，谓之“逃席”。倘若不走，“洗媒”的人会把他的脸抹上锅底灰。喜筵结束后，新娘家的客人，就要起身告辞了。临起时，新郎家要“打发”衣服、鞋袜、红包等。送新娘家的客人，是又一个热闹场面，新郎家的人都要送到门口，还要鸣炮奏乐，以示敬重，新郎及其父母应送至村口。

晚上，新婚夫妇有喝“团圆酒”的习惯，席间新婚夫妇要喝交杯酒。都想把亲郎喝醉，好出洋相。晚间亲朋好友还要“闹新房”，向新婚夫妇出难题，逗笑取乐。间或还有人恶作剧，入睡后偷听房中动静，叫“听新房”；甚至有人偷走新人衣物，叫“偷新房”，第二天要挟新人赎取。还有人用红颜料涂在新人父母或其他亲属脸上，谓之“福星高照，红光满面”。即使是恶作剧，因“新婚三天，不分大小”，主人家也不便计较。婚后第三天，新娘要下厨房参加炊事劳动。

回门 婚后第三天，要回娘家看看，叫“三朝回门”，也称“拜门”“会亲”“唤姑爷”，古时称“归宁”。所谓“归宁”，从字面的解释来看是指向父母报平安，使他们内心安宁。也就是向他们宣告：儿女的生命，与身边的这个男人已经不可分割了。请他们不要再为自己操心，女儿不能在父母身边尽孝，反而要对公婆侍奉终老，请父母也不要再挂念。所以，归宁是女子同父母的正式告别。

回门，新郎家礼品事先办齐，买新娘家老人喜欢的礼品。礼品一般有四件。回门一般在上午九十点钟动身。新郎新娘应像参加婚礼那样认真修饰、打扮，保持婚礼上那漂亮、俊美的形象。

回到娘家，新郎、新娘首先要问候老人。这时，新郎应该改口，跟新娘一样称岳父母为父亲、母亲，要叫得自然、亲切。对亲友邻居也应表现出亲切热忱，彬彬有礼，见人先打招呼，以礼相待。吃过中饭后，新娘当日必须回到婆家，不许在娘家留宿。意谓新婚之新房不能空房。

生育 婚后妇女怀孕叫“有喜”，孕妇称作“四眼人”或“双身人”，邻里有婚丧喜庆要回避，不上门，否则会给人带来不吉利，让人责怪。久婚不孕多用迷信习俗求子，到寺庙拜佛许愿，尤其是拜“送子观音娘娘”。中华人民共和国成立后，逐渐改为请医生对男女双方检查治疗。

旧俗，妇女不能在娘家生育，必须赶回家中。农村也有一些“接生婆”，系采用旧式接生方法，产妇临产不得仰卧，要在踏板上坐着分娩，这会使产妇流血更多。所用剪刀未经严格消毒，婴儿患破伤风者甚多，俗称“发脐风”。如遇到难产也多用迷信方法救治。中华人民共和国成立后，村里都有经过培训的接生员，采用新法接生，有的还住院分娩，产妇和婴儿生命有了一定的保障。小孩出生后要记准时间，并根据农历时辰确定“生辰八字”。回家主要在祖宗前烧香，小孩出生后，男方要向岳父母和所有亲戚报喜，亲戚大都送一只鸡公贺喜。产妇一开始要在床上靠坐，叫“坐月子”。产妇在家中要“坐月子”，不许做事，不许出房门。坐月子传统食品有红糖、芝麻、面条、鸡蛋等。小孩出生后第三天，俗称“三朝”，要给小孩用艾水洗浴一次，叫“洗三朝”。通常情况下，这天小孩的外婆、舅妈、姑姑要来喝“三朝”酒。要染红鸡蛋，发喜糖、发喜烟，下满锅面条，分送亲友邻里。亲友致贺大都在小孩满月以前，称作“月子礼”。外婆家特别讲究，要送摇篮、小儿衣被、鞋帽、项圈和长命锁，以及产妇所需要的肉、面、糖等。满月以前产妇不能到人家去，怕人家嫌身子“不干净”，带去“晦气”。其他孕妇也不能入产房，怕“夺走”婴儿奶水。满月这天家中要加餐庆贺，还有娘家接女儿回家吃“满月饭”的习惯。还得请算命先生算命，祈求小孩健康平安。

小孩满百日和周岁，大都要举行一些庆贺活动。主要是做粑分赠亲友，叫“百日粑”“生日粑”。亲友也要备礼致贺。孩子出生满周岁时，蹒跚学步，咿呀学语，十分逗人喜爱。宝坪也流行小孩满周岁“抓周”的习俗。抓周就是孩子周岁这天，给小孩梳洗完毕，穿上新衣，抱至桌前，在他（她）面前摆放各种玩具和生活用品，任其随意抓取，以此来预卜和测试孩子将来的志趣、性情和前途。若抓取的是笔，则说将来一定是文人，若抓取的是算盘，则说将来一定是商人。现在大部分家庭当然已不会相信抓周会有如此神妙的功能，但抓周作为一种富有童趣的游戏，仍为家庭增添了许多欢乐。

红蛋、糖粑（2017 年） 陈达华 摄

小孩出生后大都取个乳名，希望小孩生命力强的人家，喜欢用狗、虎、牛等动物名为名。长大后上学，男孩要取学名，如果学名与派名（将宗族规定辈分中的字嵌入名字）不统一，还要另取派名。由于重男轻女，女孩除乳名外，第一胎生的女孩还多用“招弟”“引弟”“来弟”等名字。

为保小孩平安健康，还有做“百衲衣”“百家粑”的习俗。“百衲衣”要用百块衣片拼成，“百家粑”要用百家的米做。衣片和米向邻居甚至不认识的人家化缘。小孩长大后第一次去外婆家叫“外甥上门”。外婆家要放鞭炮迎接，要备衣袜鞋帽或文具等物礼物，经济宽裕的人家还要备一头牛犊，俗称“外甥上门一条牛”。

寿庆 对五十岁以下的人来说，通称“做生日”。小孩从周岁以后，每逢出生日，家里要特地为他加餐，一定要有面条，象征长寿。三岁、十岁较为重视。男女成年（“弱冠”或“及笄”）后，还有小生日和大生日（逢十整数）之分，也只是家内庆贺。另外，还有一个三十六岁比较重视。旧有“人人有个三十六，夜夜有个五更头”的说法，迷信认为三十六岁是个“关卡”，过了三十六就能平安长寿。三十六岁生日就是满三十五岁作。过三十六岁生日，姐妹或岳母家要送白衣、白鞋、白帽、白袜，还要捉白鸡，象征三十六岁以后无灾无难，平平安安度过每一年。老人做寿大都从五十岁开始，人到了五十岁，宝坪地方有作生日的习俗，五十岁以上称作寿。旧俗有“作九不作十”的习惯，即四十九岁、五十九岁做五十岁、六十岁寿庆，就是满四十九岁、我就岁当天作。也有“男要扣，女要足”的说法。一般人家只是子女送点衣物、补品，全家团聚一下；只有少数举行祝寿仪式并大宴宾客的。亲朋邻里要送礼并登门致贺，家中要设香案、烧红烛，挂寿幛寿联，陈列寿桃寿糕。寿老人（多为夫妇偕同）居中坐席。宾客来贺者，鞠躬作揖，说几句吉利话，晚辈还要下跪磕头。过去老人家做寿，要送“筑粉粑”、送长寿面、送长寿匾，现在主要送补品、送钱。中华人民共和国成立后，每逢生日，家庭内部大都加餐示庆，尤其是对小孩和老人。家长或晚辈送点衣物和食品补品。现在流行生日蛋糕，唱生日歌。亲友致贺的一起欢聚、热闹。

乔迁 迁入新居谓之乔迁，要选择吉日，具体时间都选择半夜议婚，意谓所行之路没有被别人“踩破”这才吉利。搬进新居的第一件东西是柴火，取“柴”“财”谐音，可以发家。柴火表示财源滚滚，日子红红火火。有的人家进屋时，家主用长竹杆套上箍，肩负在前，表示子孙后代节节高，并紧箍不破，家庭和睦。还有的人家进屋时，家主扛着长梯，意谓“脚踏楼梯步步高”。再牵猪。牵猪表示年年有肉吃。迁入新居后亲朋邻里要送礼致贺，习惯送对联、喜幛玻璃匾、挂画等。还有讲究送匾额，长五六尺，宽二三尺，用木板制成，加漆，上面盆大的金字，例：“竹苞松茂”“德荫乡梓”“春满华堂”“仁里长春”等。屋主要设宴答谢。

丧葬

随着历史变迁和时代的进步，宝坪丧葬习俗中的一些繁文褥节以及带有封建迷信色彩的内容已被逐渐摒弃，但有些传统仍被保留和传承下来。

送终 人即将要死时，有“守夜”的习俗，在病人床前说说话、做做伴，陪着病人度过剩下时光。病人病危时就要急召外出儿孙赶回家，弥留时家人要齐聚床前等待，亲属必须守在其身旁送终。老人停止呼吸，立即把帐子撤去或搭卷起来。迷信说法是可免老人进入“枉（网）死城”。床前要立即用盆钵烧“落气钱”，儿孙跪在床前，一边烧纸，一边喊“某某接钱用”。还要点“长明灯”。家人要恸哭，放爆竹，为老人送终。

入殓 人死后要进行“入棺”，入棺前要给死者梳头、洗脸、净身、穿上孝衣，穿“三腰五领”，穿软鞋或断底鞋。还要在死者嘴上放米、一片新鲜茶叶和硬币钱。表示来世有茶喝、有钱用。吸烟者要放烟筒、烟盒，有的还放有手杖。有的还伴以死者生前喜爱的物品或金银首饰。入殓前要有亲人看守，严防家畜接近。入殓后要将死者床上的稻草、席子和鞋搬到室外焚烧（俗称烧下床草）。

报丧 丧事日程确定后，要派专人到亲戚家报丧（也叫把信），以便按期前来吊唁。报丧者要腋下倒夹雨伞一把，告诉治丧日程。吊唁者中女婿、孙女婿奠礼最重。中华人民共和国成立前，讲究“抬猪牵羊”。死者为女性，娘家亲属来要敲锣打鼓，丧主家要出门跪接，俗称“接家婆（外婆）家人”。近族亲属不送礼，应来义务帮忙。

守灵 死者“入棺”后，农村都将灵柩停放在祖堂屋内（客死、凶死不得“上堂”）。并布置灵堂，此后三日，棺木旁日夜都要有亲属陪伴，名曰“守灵”。棺下面要点灯。死者后代要披麻戴孝，戴孝帽、穿孝衣、穿孝鞋。有祭奠者来致礼时，亲属要匍匐在地答谢。

在宝坪，有死者在殡葬前一天近傍晚时放路灯、点坟灯的习俗。孝子披麻戴孝，捧着亡者灵位在前，后面跟着驮画圈，抬着灵屋、轿马，然后亲朋邻里老少尾随。吹打着洋鼓洋号，排成长长的队伍。手里拿着烛火，每隔丈余远小心将烛火放在路边，遇到庙便鸣炮烧香下跪磕头。路经人家门前，主人会摆上祭品、香火，鞭炮迎接。孝子跪地答谢。

丧祭 死者如系有后代的中老年人，大都要举行祭礼。过去作祭要杀猪、宰羊，称作“猪羊祭”，现在作祭比较简单，只献十个碗。作祭时孝子要身穿孝衣，头戴孝帽，脚穿孝鞋，腰系草绳，手摆一尺三寸长棍子，低头弯腰，以示对死者尽忠尽孝。

出殡安葬 出殡择吉日安葬，出殡时间旧例定为早晨。出殡前，爆竹一响，哀乐声起，男女老少，头戴孝巾，烧香磕头。出行时有“卡丧”的习俗，就是棺木起动的一瞬间，儿子要从棺木上翻过去。出殡仪仗队伍里有锣鼓、挽幛、花圈、洋鼓洋号等。直系晚辈披麻戴孝扶棺，其他送葬者随行。出殡前一天，“八仙”（八个抬棺木的人），先到墓地上去挖坑，名曰“打井”。“八仙”照木桩的指示挖一长方形的坑，长一丈、宽五尺、深八尺，等候灵柩的到来。灵柩抬往墓地，一路上爆竹不断，还要丢“买路钱”（纸钱）。灵柩到墓地，先“暖圹”，然后把灵柩放下“井”里，名曰“下圹”。下了圹，把灵柩拨正后，孝子跪在灵柩上烧纸。随后，烧香磕头。事毕，人们纷纷摘下孝巾，“八仙”连忙铲土掩埋。送葬者回来时，孝家已安排人把灵堂及家神，大门上的白纸全部折撕完毕。亲朋好友走时，放鞭炮，丧家主妇要哭着送，并哭着说些客气话等。送走客人后，“八仙”和孝家人抱些柴火将包袱（纸钱）、轿子、灵屋及死者的生前的鞋袜衣帽，某些用具等一起烧掉，烧时，孝子拿着算盘打转地跑，等烧尽才回家。

下葬后第三天是“复三”，孝家亲人要在清晨太阳未出山前到坟上烧纸钱、敬酒饭，亦称“圆坟”“赶阴狗”。从安葬那天起，一连三天，孝子每天黄昏时，都要用干稻草扎烟包，点着送到墓地给死者，意思是死者刚到那里“安家”，很冷寂，孝子为之送去火种。如今，为防火患，内容已减。

守孝　从死者去世之日起，每隔七天，亲属都要举行一次祭悼活动（叫作“应七”），到七七四十九日丧事才算结束。直系晚辈还要守孝（旧社会按照封建礼教规定，妇女丧夫也要守孝）。时间长短根据亲疏各有不同，如百日、周年、三年。至于不理发、不结婚、不着红绿衣服、春节不用红纸写春联等，旧例也有具体规定。

◉ 方言俗语

宝坪方言比较好懂，音系较为简单，词汇、语法与普通话无大的区别，从声母方面看，与普通话区别较小；从韵母方面看，后鼻音重。宝坪人把 chī（吃）读成 qí（其），把 shī（师）读成 sī（思）。

宝坪方言有独特的一系列的动词、名词、形容词、应对呼告词，牢固地活在口语当中。这些词语，一部分因官方书面语言不同，书报上出现的频率很少。

方言

斫：音着，意为砍。方言“斫柴”，即砍柴。

宝坪方言与普通话对照表

表 13

汉字	普通话	宝坪话	汉字	普通话	宝坪话
吃	chī	qí	群	qún	chūn
蛋	dàn	tǎn	忍	rěn	yǔn
善	shàn	shǎn	容	róng	yéng
伯	bó	béi	生	shēng	sēn
初	chū	cōu	师	shī	sī
吨	dūn	dēn	听	tīng	tīn
咳	ké	kǎ	土	tǔ	tǒu
忘	wàng	wáng	瞎	xiā	hā
下	xià	hà	事	shì	sì
来	lái	léi	去	qù	qì
完	wán	huán	讲	jiǎng	gǎng
抬	tái	téi	鱼	yú	rú

沥：音力，意为淘米洗菜时让水漏干，方言“沥干”。

翼：音易，称母亲叫“翼”。

大：称父亲叫“大”。

太：爹爹（爷爷）的父亲称“太”。

几：嘴巴。

萨黑：指黄昏之后，天将黑。

顺手：指右手。

反手：指左手。

的老：指年龄小的男子。也指小叔。

的大：指小叔。

姑大：指姑母。

姑爷：指姑父。

盾经：指拳头。

猪首：指猪头。

拉呆：指吹牛。

翼角：指翅膀。

筋肉：指瘦肉。

起好：指撒谎。

小拐：指小聪明，小机灵。

手颈：指手腕。

笤具：指扫帚。

下饭菜：指老是被别人指责。

色落坡：指膝盖。

赶脚猪：指猪配种。

福年龙：指杀年猪。

屋出水：指屋盖了瓦。

猪晃子：指猪血。

后颈窝：指后脑勺。

螺丝骨：指脚踝。

刀筋拐：指肘部。

猪尿瓢：指猪膀胱。

江踏岸：指台阶。

拖鞋萨袜：指穿着不注意整洁、随便。

偷闲戳空：指利用空闲时间做其他事。

死枯焉秋：指人的精神不振作，有气无力的样子。

烟火熄坦：指冷淡，没有生气。

蓬头的萨：指人不修边幅，蓄长头发和胡须。

烧火料灶：指炒菜做饭。

乌焦巴弓：指炒菜做饭烧糊烧焦了。

俗语

泥从脚下烂。

寒从脚下起。

立冬晴，一冬晴。

雨落中，两头空。

筋三月，骨一年。

猫来穷，狗来富。

勤有功，戏无益。

人叫不动，鬼叫飞跑。

人存好心，天派好路。

谷雨前后，栽瓜种豆。

晴带雨伞，饱带干粮。

霜打平地，雪落山头。

热天不热，五谷不结。

谷雨不雨，插田无水。

秧好一半谷，妻好一半福。

坐北朝南屋，子孙好享福。

雨落早饭后，行人莫问路。

小雪不见雪，大雪满天飞。

成人不自在，自在不成人。

猴子不上树，多打几下锣。

锣都打破了，法子设尽了。

六月穿棉袄，里外都发烧。

小伢望过年，大人望插田。

热不过早饭后，冷不过五更头。

演戏的是疯子，看戏的是孬子。

家有良田万顷，不如薄艺随身。

五月南风发大水，六月南风井也干。

三十以前睡不醒，三十以后睡不着。

两勤夹一懒，夹得飞飞喊，

两懒夹一勤，夹得一般匀。

慢慢牛儿不荒田。

走路不怕慢，只怕沿路缠。

只望隔壁养黄牯，不望隔壁做知府。

扶不起的烂猪肠。

龙配龙，凤配凤，臭虫配臭虫。

手胳膊只能往里弯。

只有千百年的家门，没有千百年的亲戚。

赊到的猪头不怕大。

丑女自有丑郎收，没有丑女挂箢篼。

新三年，旧三年，缝缝补补又三年。

牛尾巴遮不住牛屁股。

后颈窝的头毛，只摸得着，看不着。

过了七月半，日头沿山窜。

过了八月中，只有梳头洗脸工。

过了重阳无时节，一道霜来一道雪。

手长衫袖短。

一床被子不盖两样人。

门里点灯，门外是亮的。

六月的蚊子嘴伤人。

油账不杂盐账。

不怕恶公恶婆，只怕破屋漏锅。

外面装胖子，里面盖帐子。

山大不遮风，牛大不咬人。

只能顺摸，不能反摸。

葫芦挂到墙上不好，非要挂到颈上。

人人都有三十六，夜夜都有五更头。

三生不贴一熟。

酒醉英雄汉，饭胀死木头。

痛脚带力好脚。

有头毛能落掉，无头毛生得起。

吃力不讨好，里外不是人。

狗咬豪猪无从下牙。

好汉不打上门客，伸手不打笑脸人。

弯刀遇到瓢切菜。

好吃不论猪娘肉。

当年的笋子，来年的竹子

只有懒人，没有懒地。

和气生财，忤逆生灾。

远处求神，不如孝敬上人。

不吃黄连，不知啥叫苦。

成人不自在，自在不成人。

吃人家的嘴短，拿人家的手软。

捧人家碗，受人家管。

新鞋走老路。

地在人种，事在人为。

三代不脱外婆家的种。

除了栗炭无好火，除了郎舅无好亲。

一代亲，二代表，三代了。

穷不丢书，富莫丢猪。

做新屋有三年穷。

船上不出力，船下搡断腰。

大路不平旁人踩。

公鸡下蛋，母鸡打鸣。

光许愿，不烧香。

河里无鱼虾子贵。

开水不响，响水不开。

新屋有三年响，新媳妇受三年讲。

一句话，两把瓢。

人情冷冰冰，儿女动人心。

村民生活

村民生活主要体现在服饰、饮食、居住、出行、休闲娱乐方面。总体上均随着经济发展、社会进步、科学文化知识普及和思想更新，在传承过程中与时俱进，融入多元文化之中。

农家小院（2016 年） 江群 摄

◉ 劳动就业

宝坪村是一个偏远山村。过去，农民主要是靠种田种地，从事农业劳动，过着“耕者有其田”生活。改革开放后，一部分人外出打工，一部分人从事个体经营，只有劳动能力相对低下的妇女老人留在家乡照顾孩子和耕种田地。

外出打工 改革开放后，宝坪村就有一部分农民开始外出打工。

宝坪村村民外出打工情况一览表

表 14 单位：人

年份	总人数	女性
2012	1128	356
2013	1169	381
2014	1189	405
2015	1215	395
2016	1173	369

个体经营

1985年，宝坪村仅有25人从事个体经营；至2015年，宝坪村已有218人从事个体经营。

宝坪村村民从事个体经营一览表

表15　　　　单位：人

年份	人数	经营项目
1985	25	商店、缝纫店、客运等
1995	56	商店、缝纫店、客运、理发、五金、餐馆、茶叶公司等
2000	89	商店、缝纫店、客运、理发、五金、餐馆、旅社、茶叶公司等
2005	115	商店、缝纫厂、客运、理发、五金、餐馆、旅社、茶叶公司、加油站、休闲中心、纺织厂等
2010	173	商店、缝纫厂、客运、理发、五金、餐馆、旅社、茶叶公司、加油站、休闲中心、纺织厂等
2015	218	商店、缝纫厂、客运、理发、五金、餐馆、旅社、茶叶公司、加油站、休闲中心、纺织厂等

◉ 衣食住行

中华人民共和国成立前，宝坪村民穿的是粗布衣服，难得做一件新衣裳，“大人穿了小孩穿，老大穿了老二穿”“新三年，旧三年，缝缝补补又三年”。那时村里流传着一首民谣：“一条裤子六根筋，穿的衣裳好挂称，穿的鞋子无后跟，烂泥甩到背脊心。”那时村民缺衣少被，一家大小四五人，共盖一床旧被，只有多盖一点稻草御严寒。中华人民共和国成立后，村民自己纺线编纱织布，穿“士蓝衫”是最好的衣服，没有袜子穿。后来衣料有“的确良”“的咔”，人们多穿“便腰裤”。很少有成品衣服，都是买布到家叫裁缝做。做衣服几年才有一回。宝坪有句顺口溜：“农民穿上中山服，钢笔插在裱袋上，脚穿胶鞋走路爽，全靠中国共产党。”

衣

衣着　清末，宝坪农民一般穿大襟上衣，冬穿大棉袄，下着褶腰裤，富裕人家冬穿棉裤。女上衣花边宽袖，大襟齐腰。冬季内着贴身小袄，下衣褶腰长裤。经商外出人员多穿开胸对襟短衫或短袄，若穿大襟长便衣，则配布带缠腰，把长衣一角扎腰带处称“顺风扯旗”。读书人喜穿长衫，外加马褂。布料多为家机土布，夏着白色，冬季多以柳叶、冬青叶或锅底灰煮染成深灰色棉衣面料，少数富裕户穿细布，多为青、蓝、黑色。

至民国，农民衣着没有改变，

中华人民共和国成立后，由于轻纺工业发展，人民生活水平提高，衣着大有改进。50 年代，老年人仍穿长袍，大襟或对襟短衫，中青年男性流行中山服、列宁服、国防服，女性改穿对襟衫，也有穿连衣裙的。绿色军装在男女青年中曾风靡一时。80 年代，男性上衣着航空服、登山服、运动服；下衣多着长裤，也穿直筒裤、运动裤、喇叭裤、牛仔裤、丁字裤、健美裤等。女性上衣着西装者很少，下衣除各式裙子外，与男子无差异。90 年代，着装向“轻、薄、短、小”方向发展，各类保暖鞋、保暖衣、羽绒服、牛仔服、夹克衫、文化衫、连衣裙、超短裙，各领风骚，名牌服装受到青睐。2000 年后，各类流行色彩等淑女装、休闲装、职业装、露脐装吊带装出现，体现出女性青年追求个性、标新立异的特点。中青年男子身着格纹衬衫、文化衫、风衣、马甲、皮夹克、西服。老年人选择柔软宽松、舒适大方的纯棉、纯麻衣服。抢眼、时尚、造型别致充满童趣的童装走进农村家庭。同时，不少人追逐国际潮流，具有中华传统文化元素的唐装，进入日常生活。人们衣着向体现个人气质和美化生活转变，呈现出个性化、多样化、品牌化和高档化特征。

鞋袜 中华人民共和国成立前，人们穿布鞋、布袜或线袜者居多。布鞋是家庭主妇手工制作，鞋底是用几层破旧布面糊后纳成的，式样有搭式、圆口等，有钱人家的妇女穿绣花鞋，花色不一，工艺粗细各异。雨天打赤脚或穿草鞋、木屐、桐油布泥鞋。中华人民共和国成立后，开始穿回力鞋、皮鞋、丝光袜，也有各色各样的塑料鞋、旅游鞋、运动鞋，鞋子式样新颖，有黄色、草绿色解放鞋，有雨雪天穿翻毛皮鞋大头鞋和深筒、浅筒防滑胶鞋。80 年代后，女青年多着高跟鞋。袜子有尼龙袜、弹力袜、棉尼混混织袜以及锦纶丝长短袜等。进入 21 世纪，纯棉、纯麻袜子和软底高帮鞋倍受青睐。

帽子 中华人民共和国成立前，士绅多戴礼帽、瓜皮帽，农民多戴罗宋帽（俗称“狗钻洞”）。妇女裹包头，少数富裕户戴平顶绒帽。夏天，人们多数戴草帽，雨天戴斗笠。中华人民共和国成立后，夏天遮阳帽有大盖平顶草帽，礼帽型草帽，细布胶沿旅游帽、航空帽和防风帽。60 年代，在中青年中流行戴兵帽。冬天，中老年人防寒帽有绒里国防帽、毡里卷边帽、尼绒鸭嘴帽，青年人多不戴帽子。

首饰 清末盛行戴玉饰，有玉簪、玉镯等。民国时期盛行戴金银饰，如金银戒指、耳环等。小孩戴项圈、挂“百家锁”，百家锁两面铸有“吉祥富贵”“长命百岁”等字眼。中华人民共和国成立前后，宝坪流行首饰有耳环、簪子、项圈、手镯、戒指等。80

年代后，成年男人多戴手表，女性首饰以耳环、耳坠、耳钉、戒指、项链、手链、胸花等，款式多样，色彩斑斓。

食 宝坪村大多数农户，都是元代中叶及元末明初从江西或因避战乱，或因奉旨迁徙到此定居的。他们垦荒农耕，繁衍生息。由于连年的自然灾害加上战乱，生活艰难困苦。中华人民共和国成立后，这里的农民翻身成为国家的主人，在中国共产党领导下，走上了社会主义康庄大道，过上了幸福美满的生活。

中华人民共和国成立前，依靠种植一点水稻、杂粮和青菜萝卜，养家糊口，艰难度日。而且战争不断，旱涝频繁，人们朝不保夕，生活艰苦。那时多数村民租种地主的土地，加上土地贫瘠，雨大受涝，久晴地旱，灾害不断，靠天吃饭。遇上好年景，交过租粮，还有一点余留收成；遇到灾害年，田地里颗粒无收，辛苦一年两手空空。多数村民吃一顿饿一顿，吃了上顿没下顿，糠菜充饥度光阴。有的外出流浪去乞讨，人们生活在水深火热之中。如遇天灾人祸或疫病流行，只有饿死或病死。宝坪村解放前夕，乱石山岗遍布密密麻麻的乱坟堆。

中华人民共和国成立之后，宝坪村民在党和政府的领导下，翻身当了国家的主人。1952 年开展土地改革运动，全村 90% 以上农户分到土地，走上了组织起来的合作化道路。随着集体经济的逐年发展，村民生活得到改善。

50 年代末至 60 年代初，因自然灾害和政策失误，农业生产力遭到了极大的破坏，粮食减产，村民的生活十分困难，为了填饱肚子，人们只好吃野菜，甚至吃糠粑，吃树皮。60 年代中期，红薯是主粮，每餐蒸一锅红薯大人吃，红薯中间蒸一碗饭给孩子，还有麦米饭、南瓜饭。穿的是老布（用棉花纺线织成的），住的是土木结构的砖瓦房，行路靠步行，运输靠肩挑背驮，照明靠燃松节，或点籽油灯、煤油灯，吃烟用烟叶或买“大公鸡”（5 分钱一包），稍好一点吃“魁星楼”（二角二分钱一包），再好一点的吃“水面飘”（指“东海香烟”，二角八分钱一包），吃米靠人工碓舂，吃水靠挑，喝茶尽是喝粗茶壳或粉末。精神生活非常贫乏，白天顶日头，晚上睡炕头。大集体时期，一个劳动力工一天只有 7 分至 1 角左右，生病缺钱又缺药，只有听天由命。由于缺衣少食，妇女生育能力不强，且多幼殇，所生的孩子中痴、呆、聋、畸形多；消费水平也很低，一个家庭年消费只有 50 元至 150 元左右。有的村民连春节都只有斤把肉、斤把酒。母鸡下蛋要拿去换油点灯，或换盐吃。70 年代，农业生产得到恢复，党和政府提出“以粮为纲”的号召，水稻种植面积大幅度提高，每年除了上交国家外，有 15 千克的口粮自给自足，

宝坪村民制作的腊肉、咸鱼、香肠（2016 年）　　陈达华　摄

人人有米饭吃。

中共十一届三中全会之后，全国实行改革开放政策，农村实行土地家庭联产承包责任制，从计划经济转变为社会主义市场经济，进一步调动了农民的积极性，经济得到快速发展，社会产品极大丰富，国家取消了粮食定额限量供应，人人可以“放开肚皮”吃饱饭，不仅家家户户有饭吃，而且天天菜肴很丰盛。逢时过节称肉、做粑，过年杀猪，烫豆粑，想吃啥就有啥。水果零食在以前是见不到的，现在小商贩整天围着村子转，品种多样。多数村民家里，鱼肉龙虾酒，天天进家门。逢年过节，生日做寿，婚嫁喜庆等时日，珍稀菜肴，放满餐桌，层层叠叠，多达二三十碗，丰盛至极。

村民腌制的咸鸡、鸭腿（2016 年）　　陈达华　摄

宝坪村民过去都是饮用河水，不仅水质混浊不清洁，泥味很重，而且水中带有农药残留物质和各种细菌，有害村民身体健康。进入 21 世纪后，村里筹措 12 万多元资金，建设自来水工程，使全村 270 多户家庭，都能吃上清洁卫生的自来水，彻底改变了村民的饮水条件。

住 过去人们住的茅棚，后来才有砖木结构的小瓦房，小瓦房住了上百年，那时居住相当拥挤，一家几口人都住一个房间，没有餐厅，吃饭时菜放在灶头上，饭碗端在手

村民旧居（2016 年） 江群 摄

新居内布局（2016 年） 江群 摄

上。七八十年代人们生活条件相对有所改善，时兴做“联五”“夹联三”的房子，这样的房子大概经过了20多年。2000年以后，开始有人做楼房，慢慢地楼房林立。当初做的楼房都是盖水泥板的。现在都是钢筋水泥混浇面为一整体，防震效果较好。

电器从无到有，开始是小型收音机，那时要想知道国家大事，只能从收音机里听到。随后有黑白电视机，那时有一台14英寸或17英寸黑白电视机就已了不起了，紧接着彩电问世，近几年液晶电视走进千家万户。楼房内，装修精致，地板墙砖一应俱全。空调、冰箱、洗衣机、太阳能、暖灯应有尽有。厨房里备有油烟机、液化气灶、电磁炉、微波炉。

1999—2016年宝坪村村民楼房建造时间一览表

表16　　　　单位：套

年份	网形	大屋	中心	筏形	凤形	桃园	炭湾	枣岭	三合	三星	河边	花屋	羊湾	旺林	椅形	和平
1999	—	—	—	—	—	—	—	—	1	—	—	—	—	—	—	—
2000	—	—	—	—	—	1	—	—	2	—	1	—	2	—	—	—
2001	—	—	—	—	—	—	—	—	1	—	—	—	1	—	1	—
2002	—	—	—	1	2	—	—	—	—	1	2	—	—	—	2	—
2003	1	—	—	—	—	—	—	—	—	—	2	—	2	2	—	—
2004	—	—	—	4	3	2	—	—	—	—	—	—	2	3	—	—
2005	—	—	—	1	—	1	1	—	1	2	2	—	—	1	4	1
2006	—	—	—	6	3	2	1	2	1	3	2	6	2	2	4	3
2007	1	—	—	6	6	7	1	1	—	1	—	2	3	3	1	2
2008	—	6	11	9	7	7	1	—	2	1	4	2	8	2	3	8
2009	4	2	8	1	1	8	—	1	—	—	3	3	3	6	1	8
2010	3	13	6	1	4	6	3	—	3	22	2	10	4	5	—	2
2011	6	7	4	1	—	1	1	—	2	1	4	1	—	2	—	—
2012	4	5	7	5	—	3	1	—	3	—	3	4	—	7	1	—
2013	9	3	3	8	—	1	—	—	5	2	8	3	2	2	1	—
2014	3	4	1	1	1	3	—	1	2	1	3	2	4	1	8	—
2015	1	1	4	2	—	5	—	—	2	1	1	1	—	1	—	—
2016	—	1	1	—	—	1	—	—	—	3	—	2	—	—	—	—
合计	32	42	45	46	27	48	9	5	25	38	37	36	33	37	26	24

行　人们出行从脚走到自行车大约经过几百年。开始人们干活、走亲戚、出差都是靠一双腿，到太湖走一趟，就要两天时间。七八十年代，一些教师、国家行政干部开始有自行车，农民基本都买不起。那时凤凰牌、王冠牌、永久牌自行车比较有名，随后家家都至少有一部自行车。21世纪初，开始有农户买轻骑摩托，那时嘉陵70、金

城100是最早入户的，随后大阳摩托、新大洲摩托、宗申摩托、豪爵摩托进入千家万户，户均1辆摩托车，有的农户有2辆。踏板式、弯梁式摩托车适合妇女和老人。现在多数家庭已买轿车，村内轿车有100多辆，车形各异，每逢春节回家过年，路上交通不畅，有时堵车几千米路。

2015年宝坪各组车辆情况一览表

表17 单位：辆

组别	轿车	其他车辆	组别	轿车	其他车辆	组别	轿车	其他车辆
网形	12	—	大屋	16	3	桃园	17	2
筏形	18	3	凤形	14	3	花屋	10	—
炭湾	—	—	枣岭	3	1	三星	6	5
三合	9	—	河边	15	—	椅形	14	—
羊湾	21	—	旺林	17	—	合计	205	20
和平	13	—	中心	20	3			

◉ 生活保障

2006年后国家不收农业税，农业特产税、乡统筹、村提留也相应免除。随后国家加大了对“三农”投入，农民享有粮食补贴、种子补贴。对农村五保户、低保户、残疾人实行生活补助，村民满60岁后，可领取养老金。还有医疗保险、大病保险、农民投保率在98%以上。孩子读书，家庭条件困难的，上大学可以申请助学贷款，孩子在校可享有助学金。成绩好的，可以享受励志奖学金、国家奖学金。职高学生不用交纳学费，并有一定的生活补助。农村独生子女、二女户都享有国家扶持资金。

医疗保险 2015年，全村参加医疗保险人数2347人，综合参保率达到90%。

大病保险 2015年，全村参加大病医疗保险人数2347人，综合参保率达到90%。

养老保险 2015年，全村养老保险参保人数1750人，综合参保率达到100%；适龄人员续保缴费15万元，续保缴费率100%；60周岁以上享受养老金待遇人员370人，养老金发放率100%。

农村五保 2014年，全村40名农村五保（保吃、保穿、保住、保医、保葬）对象全部纳入财政保障范围。农村五保供养平均标准每人每年达到2530元。农村五保服务管理和保养条件不断改善。

低保户 宝坪村农村低保建立于 2007 年，2011 年实现动态管理下的应保尽保。对全村低保家庭、困难家庭和残疾人员等困难群众，在日常生活、文化生活和教育卫生等方面，给予多种帮扶援助。全村享受国家低保家庭 80 户 141 人。享受县级困难家庭 39 户 40 人。

残疾保障 到 2015 年，全村共有 157 名残疾人员，其中精神残疾 10 人，视力残疾 6 人，听力残疾 9 人，肢体残疾 25 人，智力残疾 23 人，多重残疾 12 人，其他残疾 72 人。享受残保人员达 100%。

教育助学 宝坪村有小学一所——文楷小学（原名宝坪小学），国家启动实施普及

文楷小学（2016 年） 江群 摄

文楷小学体育课（2016 年） 江群 摄

九年制义务教育后，对学校危房进行多次改造。1991 年宝坪小学第四次搬迁、重建，共投入资金 10 万元。共建教室、教师宿舍、办公室等 13 间，占地面积 2000 平方米，建筑面积 550 平方米。有 6 个教学班，学生 132 人，教师 8 名，其中 6 名教师是中师学历。有高级教师 4 名，一级教师 3 名。两名教师获“县级优秀教师”光荣称号。

1992 年，赵朴初为宝坪小学题词，建议将宝坪小学改名为“文楷小学”。

2015 年，全村共有 6 名学生享受国家低保助学。

特色文化

宝坪山清水秀，人文底蕴深厚，是历史文明古村落。千百年来，楚风皖韵濡染积淀，宝坪老百姓的口头创作代代传承，保留了丰厚的民间文化。被列入安徽省非物质文化遗产的《罗汉除柳》，被誉为民间史诗，被列入保护名录。宝坪民间舞蹈莲湘舞、民间锣鼓调、现代小戏曲《抢娘》，他们边舞边唱，击鼓扬歌，贬恶扬善，丰富了山区农民文化生活。

◉ 文艺组织

宝坪剧团 宝坪黄梅戏剧团成立于中华人民共和国成立初期，第一任团长是宝坪赵荣启，第二任团长李进宝，第三任团长赵锡清。初期主要演员有吴洽恒、吴洽政、吴善球、吴敦亿、吴洽龙、赵荣孚、赵福儒、赵锡福、赵子交、吴洽馨、吴敏、吴福元、赵锡山等，均为男演员。由吴洽政、吴洽馨、赵荣孚三人男扮女装演旦角。后又陆续增加了女演员赵冬梅、罗水红、吴碧宵、赵素荣、赵锡林、赵素宝、李霞玲、吴的女、吴月红、吴巧、吴竹梅、吴金娥、吴金云、吴银云、吴桂园。

宝坪剧团是全县第一个剧团组织。1950 年，县文教科准备将宝坪剧团作为县黄梅剧团，但因宝坪剧团初期演员多半是国民党伪人员，政审过不了关，被否决。但宝坪剧团创作编演的节目每次参加全县会演均获第一。有些节目还被选送参加地区、省、全国会演，并多次获奖。因此被称作“文化之乡”。

当时，宝坪剧团创作编演的节目有数十部，初以演古装戏为主，后来以演自编自创的节目为主。主要演出节目有历史剧《蓝桥会》《十五贯》《荞麦记》《画皮》《罗帕记》《梁山伯与祝英台》《唐知县审诰命》《何氏劝姑》《吕洞宾戏牡丹》《鱼网会母》《八美比武》《薛仁贵回窑》《包公赔情》《五马破曹》《秦湘莲》《陈世美》《女驸马》《天仙配》《西厢记》《三姊妹》等 20 多部剧；现代剧有《罗汉除柳》《劳模互助组》《闹花灯》《打猪草》《王小六打豆腐》《红松林》《重返人间》《血泪仇》《补背褡》《二龙山》《沙子岗》《四姊妹》《紫金杯》《三月三》《山区人民笑开颜》《还是奉承好》《拷打红梅》《赵老大》《花好月圆》等 30 多部剧。

音乐舞蹈剧《罗汉除柳》又被省群艺馆收入由安徽人民出版社出版发行的《安徽省第一届民间音乐舞蹈会演・舞蹈选集》。赵荣孚、赵子姣、吴洽恒、吴善球等人创作编演的《血泪仇》，赵荣孚、赵素梅、赵福儒、吴洽恒、吴洽新等人共同创作编演的《劳模互助组》，以及《包公赔情》《雪山放羊》《穷人恨》《拷打红梅》《梁山伯与祝英台》《薛仁贵回窑》《花好月圆》等十几部节目参加全县第一次会演，均获演出一等奖。散会后，还被县文化馆、县剧团留下来卖票加演三天三夜，轰动了全县。后到全县及周边县乡镇参加巡回演出达一个月之久。

剧团逐步置办服装、道具、乐器。一开始向县剧团借用，后来通过筹资、捐助，达

扇子舞（2016 年） 江卫春 摄

村办文化展（2017 年） 陈达华 摄

到了县剧团的规模。演员从各村选拔，无工资报酬，纯属尽义务，该剧团主要靠各地包场赞助，以后以卖票演出维持剧团基本费用和生存，后来有部分演员转入文工团后，每月发工资，才有固定收人。1964 年该剧团撤销，成立望天公社宣传队，1970 年停办。

宝坪宣传队 宝坪宣传队于 1965 年成立，由吴治治、赵锡清编导编演的大型舞蹈《东方红》获得一致好评，主要演员有赵锡清、赵银来、舒植桂、赵小妹、赵杏枚、赵锡顺、赵锡高、赵锡山等 20 多人，直到 1976 年才停止。

"文化大革命"期间，村里成立了毛泽东思想宣传队，宣传队员白天参加生产队集体劳动，晚上集中排练文艺节目，学唱革命歌曲，利用工余时间，编演了《红色娘子军》《智取威虎山》《红灯记》《沙家浜》《白毛女》《龙江颂》等革命样板戏和《天仙配》《闹花灯》《打猪草》《女驸马》《孟姜女》等黄梅戏，都演得惟妙惟肖，成为广大观众喜闻乐见的节目。他们还创作、编排了《北京的金山上》《唱支山歌给党听》《歌唱祖国》《太阳最红，毛主席最亲》《学习亲人解放军》《送喜宝》《姑嫂对花》等 30 多个形式各异、丰富多彩、带有浓郁本地乡土气息的舞蹈和剧目。形式有独唱、舞蹈、小演唱、三句半、小组唱、小话剧等。大型舞蹈《东方红》被选调到县剧团演出并获奖。

◉ 民间艺术

《罗汉除柳》 在太湖县北中镇宝坪村，至今还有一种民间舞蹈——《罗汉除柳》。

《罗汉除柳》是宝坪村保留千年历史的一种具有浓厚乡土气息的舞蹈，由 12 人表演，其中 5 人分别扮演罗汉、土地公公、土地婆婆、货郎、柳树精，另外 7 人则是利用锣、

表演曲目《罗汉除柳》(2017 年)　陈达华　摄

莲湘舞(2017 年)　陈达华　摄

鼓、锵等道具来进行伴奏。表演的是一个古老的传说故事，故事中一个货郎在卖货的过程中遇到柳树精缠身，土地公和土地婆就出手相救，并请来罗汉帮忙除妖。主要表达的就是驱除妖魔邪气，保一方平安的美好愿望。据说“罗汉除柳”是由当地一位民间老艺人传承下来的。

这欢快的舞蹈不仅丰富了村民的文化生活，而且舞出了村民对幸福生活的向往。

打莲湘　莲湘舞又名“打莲湘”。莲湘为小斑竹制作，一根长约一米、比拇指粗的竹竿，两端镂有三个圆孔，每一孔中各串数个铜钱，涂以彩漆，两端饰花穗彩绸，表演者手握莲湘（一根或两根），或摇动，或敲击身体，或与同伴互击，铜钱发出叮当响声，边敲边舞边唱。唱曲多为民间小歌小调，如《孟姜女》《李玉莲调》《十叹》《八月桂花遍地开》《望情郎》《采茶调》等。

30 年代，地处大别山腹部的太湖县山区连年干旱，灾民出门卖艺讨饭，会拿一根棒子，这根棒子最初的作用就是讨饭用的“打狗棒”，被称为“莲湘棒”。灾民沿街乞讨，以“莲湘棒”敲击臂腰腿足等处，边唱边舞。解放后，这种以“莲湘棒”击节而歌的形式发展为莲湘舞，节奏入乐，清脆入耳。

花灯会

自民国初年以来，宝坪村盛行花灯会，每逢春节期间，全村民间艺人以村为单位，扎龙灯、狮子灯，编排故事节目，在元宵节前后到各个屋场开展大规模的花灯会。通常是每三年一次，以祈吉祥，消灾去难，活跃群众文化生活。

龙灯　俗称玩龙灯。龙，由多节组成，每节以竹木做架，彩纸或布帛饰龙身，节与节之间用布连成一体，每节安上把柄，舞龙时点燃龙身内蜡烛，一人持龙珠（引珠），其他人每人操持一节。锣鼓伴奏，鞭炮催舞，能舞出各种姿态，有“龙戏珠”“龙嬉水”“龙盘柱”“龙绕梁”等。人们在喜庆日子里用舞龙来祈祷龙的保佑，以求得风调雨顺，五谷丰登。

狮子灯 小狮一人舞，大狮由双人舞，一人站立舞狮头，一人弯腰舞狮身和狮尾。舞狮人全身披包狮被，下穿和狮身相同毛色的绿狮裤和金爪蹄靴，人们无法辨认舞狮人的形体，它的外形和真狮极为相似。引狮人以古代武士装扮，手握旋转绣球，配以京锣、鼓钹、逗引瑞狮。狮子在“狮子郎”的引导下，表演腾翻、扑跌、跳跃、登高、朝拜等技巧，并有走梅花桩、窜桌子、踩滚球等高难度动作。

抬灯 由八人抬的大灯，灯内设有《西游记》《八仙过海》中众多人物，如孙悟空、唐僧、沙僧、猪八戒、妖精、八仙等，点亮蜡烛，灯内轴芯转动，所有人物像走马灯一样展现出来，栩栩如生，活泼有趣。中华人民共和国成立初玩过此灯，由于工艺较复杂，通常要三个月才能扎成功，后来很少扎抬灯，这项不可多得的艺术精品濒临失传。

花灯 扎法与其他灯相似，每三年一次的大型花灯会，扎制的花灯达 160 多盏，有“掌扇灯”、“牌灯”（分“肃静”“巡回”两种）、“荷叶灯”、“狮子灯”、“龙灯”、“蚌壳灯”、“竹马灯”等五禽六兽动物。有《西游记》《三国演义》《红楼梦》《封神榜》《西厢记》《天仙配》中的人物故事灯，如：八仙过海、刘备访孔明、孔子讲学、文王访贤、桃园结义、麒麟送子、魁星点斗、唐僧取经、观音撒净等上百个人物故事组成的双人抬灯，仿佛是穿越时空的古圣先贤，云集在人海之中。

打鼓书 解放前至 70 年代，宝坪流行鼓书曲艺。鼓书艺人一手击鼓，一手敲击牙板，边演边唱，说唱并重。他们白天下地劳动，夜晚被邀进村庄农舍演唱。既有当地鼓书艺人，也有外地鼓书艺人。说唱内容多以情节曲折的历史故事为主，如《水浒传》

元宵灯会（2017 年） 陈达华 摄

打鼓书（2018年）　　　　陈达华　摄

《西游记》《瓦岗寨》《三国演义》《薛仁贵征东》《岳飞传》《杨家将》《封神演义》《说唐英雄传》等，也有结合新形势自编自演的农村小故事。农村凡是有喜庆事，都请鼓书艺人说鼓书，给亲朋好友及乡亲们取乐，充实精神生活

锣鼓调　锣鼓调是中国汉族民间打击乐或戏曲锣鼓音乐的念唱口诀，属于锣鼓经记写的谱式。是用代音汉字或拉丁文字母与简谱中记录节拍，节奏的符号及其他符号相结合用于记录各种打击乐器合奏的一种乐谱形式，它在某一地区、某一剧种、乐种的范围内，是能够比较准确地表示出各个乐器的节奏、力度、演奏方法和配合方法的。它的基本音响效果还可以通过嘴念出来，便于记忆、流传和教学，是一种比较方便的打击乐合奏缩谱。

《打猪草》锣鼓调

（乙冬　乙乙　匡冬　呆冬　乙冬　乙冬乙　匡令　乙冬　冬冬冬　匡
匡令匡　冬冬冬冬　匡冬冬　匡冬）

（乙冬　乙冬　匡　呆）（乙冬　乙冬　匡　呆）（乙冬　冬　匡　令　冬冬冬冬　匡　呆）

（乙·冬　冬冬　乙冬　乙乙　匡冬　呆冬　乙冬　乙冬乙　匡令　乙冬
冬冬冬　匡匡　令匡　冬冬冬冬　匡令　匡令令　匡呆）（乙冬　乙冬　匡　呆）
（乙冬　乙冬　匡　呆）（乙冬　冬　匡·冬　冬冬　匡　呆）（乙冬　冬冬冬　匡匡　令匡　冬冬冬冬　匡令　匡令　匡　呆）

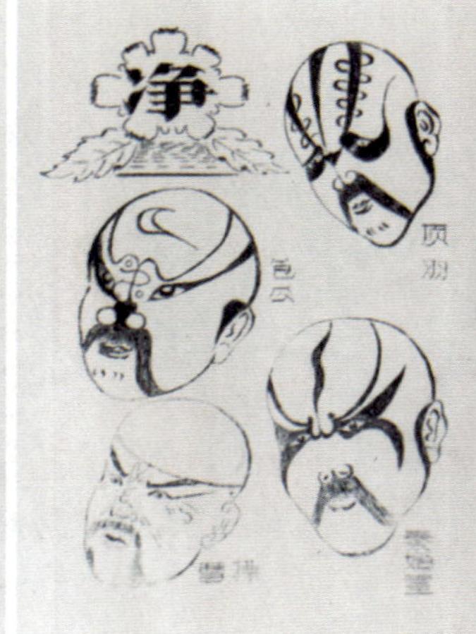

脸谱（2016 年） 祝厚林 摄

村文化室（2017 年） 陈达华 摄

（冬·冬 冬冬 乙冬 乙乙 匡冬 呆冬 匡冬 呆冬 乙冬

乙冬乙 匡令 乙冬 冬冬冬 匡匡 令 匡 令 匡冬 匡冬冬冬 匡 呆）

（乙冬 乙冬 匡 呆）（乙冬 乙冬 匡 呆）（乙冬 冬 匡冬 冬冬 匡 呆）

（乙冬 乙冬乙 匡令 乙冬 冬冬冬 匡匡 令 匡 令 匡令

匡令 匡 呆）（乙冬 乙冬 匡 呆）（乙冬 乙冬 匡 呆）

（乙冬 冬 匡·冬 冬冬冬冬 匡 呆）

（乙冬 冬冬冬 匡匡 令 匡 令 匡令 匡令 匡 呆）（乙冬 乙冬 匡 呆）（乙冬 乙冬 匡 呆）

（乙冬 冬 匡·冬 冬冬冬冬 匡 呆）

（乙冬 冬冬冬 匡匡 令 匡 令 匡令 匡令 匡 呆）（乙冬

乙冬乙 匡令 令）

宝坪民间锣鼓调还有许多，例如《十番锣鼓》《流水》《迎宾曲》等。这些锣鼓调充满喜气洋洋的气氛。如民间玩狮子，一般采用民间锣鼓调是《十番锣鼓》或《流水》，农家办喜庆，一般采用民间锣鼓调是《迎宾曲》。

◉ 手工艺术

刺绣 古代，厨艺、刺绣、裁剪是女子必须具备的三大基本技能。宝坪村的女子多

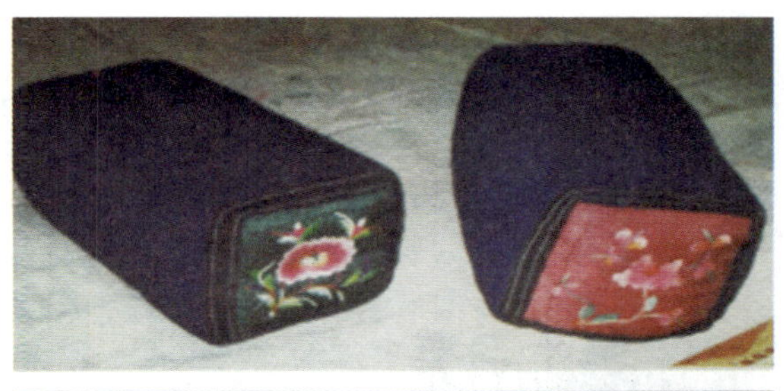

刺绣（2016 年）　　祝厚林　摄

数都会绣花，其中不乏出类拔萃者。

宝坪村女子绣花与日常生活用品紧密相关，如绣花枕头、绣花鞋、绣花鞋垫、绣花钱包、绣花荷包、绣花烟袋、绣花虎头童鞋、绣花童帽等，品种繁多，风格各异。花样多为自画，图案视物品的使用之功能而定，有荷花、梅花、牡丹、虎头、猫头、鸳鸯、文字等。为长者绣枕头，绣一寿字或绣一牡丹，寓意老而富贵。女鞋上绣一荷花，寓意步步莲花。为长者绣烟袋，绣一梅花，寓意老树新花，长命百岁。姑娘出嫁之前，必偷偷绣一钱夹，是准备送给新郎的，钱夹是折，内有盛钱的兜，外绣花卉，内绣鸳鸯戏水，寓意恩爱好合，如此等等。不仅美观，而且有一定的寓意。

绣花时先将画样用糨糊粘贴在半成品上（未绱的鞋、枕头顶子等），绣花十分讲究配线，以体现立体感。以绣花瓣为例，配线采用穿插手法，先将花瓣分成数段，用深色丝线绣一针（一段），第二针绣半针（半段），再绣一针，再绣半针。依次绣完。绣第二段时用稍浅色的丝线，接上段半针到本段半针为一针。再绣本段半针接下半针为一针，依次绣完。再绣第三段，如此由深到浅，再由浅到深，绣出的花卉立体感强。

扎艺　扎艺是将竹子剖成篾丝，然后用篾丝扎成各种形状的物具或动物的一种技艺。民国初期至中华人民共和国成立初期，宝坪扎艺最为有名。出名的扎匠有赵荣德、赵荣庆、赵福郁等，每逢春节，总要扎龙灯、花灯、走马灯、抬灯、宫灯、人物灯、动物灯等，喜庆时扎彩灯。现在的扎匠以扎祭祀用的灵屋、轿子、马、汽车、香炉等为主。

扎艺工具（2017 年）　　祝厚林　摄

剪纸　许多年来，宝坪流传着种种老百姓自己创作、自己欣赏的艺术，剪纸就是其中的一种。剪纸，顾名思义，就是用剪刀把纸剪出成图形。作者大都是农村妇女，她们可能从十几岁一直剪到成为白发苍苍的婆婆，在她们的剪刀下，产生了一幅幅或稚拙或精细但无不充满情趣的剪纸作品。剪纸是宝坪村一项传统的装饰艺术，每逢春节及婚嫁寿庆做喜事，人们用大红纸剪成“春”“福”“寿”“喜喜”字或“龙”“凤”“麟”“鱼”“蝶”花卉图案及“年年有余”短语等字样的窗花张贴在门窗上或门楣、窗帘、器物之上，元宵节时剪成各色各样的“花灯”及吉祥图案张贴在家中门窗之上，以示吉祥如意。剪纸作为一种民间艺术，具有很强的地域风格。剪纸风格淳厚，粗中有巧，细腻精巧，一丝不苟。

竹编　竹编工艺也是宝坪村的一大特色，民间有许多篾匠，除编制农村日常用的竹

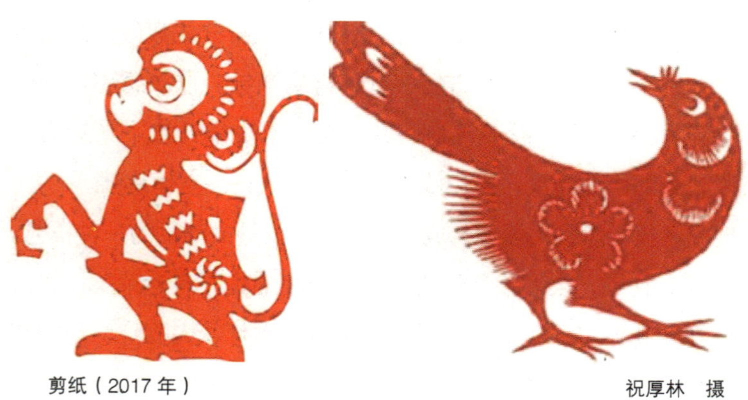

剪纸（2017 年）　　祝厚林　摄

制器具而外，还能用水竹、毛竹剖开分理成篾青、篾黄，相间使用，可编成各种图案。比如万字格、八卦形及花鸟、虫、鱼、猪、狗等图案。凉席、花篮、晒器，是他们大显身手的地方，象宝坪三合组李作南能用竹编福、禄、寿、喜字，而且还能编成对联、诗句等，令人叹为观止。

雕塑

雕塑是造型艺术的一种。又称雕刻，是雕、刻、塑三种创制方法的总称。指用各种可塑材料（如石膏、树脂、粘土等）或可雕、可刻的硬质材料（如木材、石头、金属、玉块、玛瑙等），创造出具有一定空间的可视、可触的艺术形象，借以反映社会生活，表达艺术家的审美感受、审美情感、审美理想的艺术。雕、刻通过减少可雕性物质材料，塑则通过堆增可塑物质性材料来达到艺术创造的目的。圆雕、浮雕和透雕（镂空雕）是其基本形式。在同一环境里用一组圆雕或浮雕共同表达一个主题内容的叫组雕。雕塑的产生和发展与人类的生产活动紧密相关，同时又受到各个时代宗教、哲学等社会意识形态的直接影响。

明清、民国时期和中华人民共和国成立初期，雕塑是宝坪民间最普遍的传统工艺，通常有木雕、砖雕、石雕等。

木雕　多见于楼亭居室，祠堂庙宇及家具等应用器物的装饰上，古建筑的檐唇、脊顶、栅栏、立柱、拱榫、天花、门窗、隔扇、嵌墙等，多有浮雕和透雕装饰。赵家冲花戏楼、花屋、爱吾庐等集木雕、砖雕、石雕、壁画艺术为一体，是全县保存完好的古建筑之一。此外还有木雕艺术，家具器物中，木雕艺术显示在床柜、茶几、桌椅、凳、粑印等。装饰上多为浮雕的“桃园结义”“龙凤呈祥”“喜鹊登梅”“文王访贤”“三顾茅庐”“岳母刺字”“孔子讲学”“四季花屏”和透雕的“云边”“缠枝”“连

古梁床雕花（一）

古梁床雕花（二）

线”及各种花鸟虫鱼图案。宝坪村河边组一农户家，有一雕刻精美的象腿宁波床。三重檐雕刻有“八仙过海”“麒麟送子”“狮子戏珠”“双凤朝阳”“鲤鱼跳龙门”等多种图案，技艺精湛，雕刻细腻，独具风格。

木雕　　祝厚林　摄

砖雕 多见于古建筑装饰。只有爱吾庐及已被拆除的花屋砖雕艺术最为独特。有人物故事、星辰、日月、云彩、花鸟、虫鱼和各种吉祥字体等。

石雕 多见于古祠堂、古民居、古庙中的门框、石墩、围栏上，在桥头、凉亭、石牌坊、墓地墓碑上均有石雕。

泥塑 多见于儿童玩具，如泥人、动物等。窑匠（瓦工）常用泥塑成雕花钵、余盂器皿等，寺庙社庙中的神像、香炉多为泥塑。

砖雕　　祝厚林　摄

◉ 山歌民谣

宝坪村民与所有民族的先民们一样，在生产劳动中创造着自己独有的文化，这种自娱的农耕文化以不同的形色传递祖先的历史、文明及对生活的热爱。其中的绝大部分山歌民谣都不知道作者，只以口头传播，一代一代传下来。简明朴实、平易近人、生动灵活。

民歌

中华人民共和国成立前后至 80 年代，宝坪民间流行许多民歌、民谣、山歌。这些歌词、曲谱多为自编自演，也有民间流传的歌词，内容多反映爱情生活、农村生活或喜庆活动。它是民间艺人即兴编唱的娱乐方式。歌词朴实生动活泼，具有浓郁的生活气息。如《采茶歌》《太阳为何不早起》《红色歌谣》《哭什么》《十爱姐》《五更鸡儿叫哀哀》《送郎去当兵》《十二和姐说私情》《十把扇子》《十绣荷包》《十劝妻》。还有《十把剪子》《十想》《十恨》《红日落西方》《家住断皮街》等。

70 年代，宝坪村男男女女、老老少少几乎都能唱，都爱唱。农忙时，这边唱，那边和，一唱一和，歌声此起彼伏。回荡在山谷田野之中。当时出名的歌手有赵锡清、赵锡高、余业呈、余来潮、赵锡铭、赵锡舜、赵锡华、赵锡安、吴洽凤等。山歌成为民间易于传唱，群众喜闻乐见的节目。

采茶歌

头遍采茶茶发芽，手提篮子头戴花。
姐采多来妹采少，采多采少早回家。
二遍采茶正当中，采把茶叶绣手巾。

两头绣的茶花朵，中间绣个采茶人。

三遍采茶忙又忙，丢了茶筐去插秧。
插了秧来茶又老，采了茶来秧又黄。

太阳为何不早起

太阳太阳我问你，天天为何不早起。
社员积肥大半天，你还甜睡在梦里。

开荒歌

跃进花开朵朵红，社员干劲似武松。
千军万马齐出动，兵团作战荒山攻。
往年到处是荒山，如今山区大变样。
群众干劲力量大，荒山变成米粮仓。

送郎去当兵[①]

姐姐在房闷沉沉，听说门外要调兵，不知调那人。
咦呀喂哆喂，不知调那人。
姐姐在房打牙牌，郎在门外走进来，看姐打牙牌。
咦呀喂哆喂，看姐打牙牌。
麻将歇着就动身，还要奴家送一送，表表奴的心。
咦呀喂哆喂，表表奴的心。
大的不过二十岁，小的不过十八春，实在爱坏人。
咦呀喂哆喂，实在爱坏人。
身穿武装人人爱，脚上穿是象皮鞋，腰系武装带。
咦呀喂哆喂，腰系武装带。
左边挎是盒子炮，右边挎是指挥刀，头戴革命帽。

① 由宝坪村旺林组余先富口述，祝厚林整理。

咦呀喂哆喂，头戴革命帽。

送郎送到枕头边，随手摸出两块钱，把郎买香烟。

咦呀喂哆喂，把郎买香烟。

送郎送到房门口，叫声我郎慢慢走，不要挂心头。

咦呀喂哆喂，不要挂心头。

送郎送到大门外，口二问郎几时回，免奴挂心怀。

咦呀喂哆喂，免奴挂心怀。

送郎送到半边街，半边街上买草鞋，我郎要开差。

咦呀喂哆喂，我郎要开差。

送郎送到十里亭，十里亭上说私情，我郎要动身。

咦呀喂哆喂，我郎要动身。

送郎送到洋船边，洋船中间一阵烟，不会我郎面。

咦呀喂哆喂，不会我郎面。

十把扇子①

一把扇子斗斗齐，这把扇子郎买的，郎买扇子花了钱，做双鞋儿把郎穿。

二把扇子而面花，乖姐爱我我爱他，乖姐爱我年纪小，我爱乖姐十八春。

三把扇子是清明，夫妻二人去祖坟，别家祖坟好儿女，我家祖坟好亲人。

四把扇子四四方，四个蝴蝶丛中央，左边坐是梁山伯，右边坐是祝英台。

五把扇子是端阳，扇子落在大路傍，老人捡到把钱取，小人捡到入东方。

六把扇子是炎天，郎买扇子扇干汗，乖姐看到心不忍，送郎一条汗手巾。

七把扇子七月七，牛郎织女配夫妻，牛郎站在河东崖，织女站在河西边。

八把扇子是中秋，郎害相思姐害羞，郎害相思要姐解，姐害相思懒梳头。

九把扇子菊花香，菊花做酒自己尝，郎喝三杯为为嘴，姐喝三杯满堂红。

十把扇子小阳春，乖姐与郎配婚姻，今晚牡丹任你采，二人相好万年春。

---

① 由宝坪村旺林组余先富口述，祝厚林整理。

十劝妻[1]

一劝妻子要贤良，敬重公婆理应当。早送茶来晚送水，敬重公婆当亲娘。

二劝妻子莫败身，切莫胡行乱归门。为人在世要争气，娘婆二家都有名。

三劝妻子要孝心，莫学泼妇女嫁人。公婆骂你莫回嘴，丈夫骂你莫做声。

四劝妻子要当家，切莫好吃乱输花。好菜留到待人家，家无所有别人夸。

五劝妻子莫懒惰，勤耕苦力把活做。昨夜搓麻并纺线，新园种菜养鸡鹅。

六劝妻子要贤良，丈夫衣裳勤洗浆。丈夫穿在人前走，也是妻子脸上光。

七劝妻子养孩儿，家庭重负受折磨。孩儿自有成长日，夫妻二人得快乐。

八劝妻子要孝顺，姑嫂和睦笑盈盈。兄弟和睦家兴旺，妯娌和睦家不分。

九劝妻子代家庭，好亲好戚往来频。亲戚莫说私情话，免得旁人嚼舌根。

十劝妻子劝不全，劝妻莫把丈夫嫌。五百年前来修定，前世姻缘共枕眠。

无名山歌二首

一[2]

开荒好似开粮仓，时争寸土我不让。

令得秃岗产粮米，如今荒山来交粮。

二[3]

来交粮，人民生活有保障。

歌声唱得响连天，增产全靠肥当先。

肥料乃是庄稼宝，施足肥料有本钱。

有本钱，粮食丰收顶破天。

民谣

民谣四首[4]

一

头戴粪舀子，身穿灰袄子。

---

① 由宝坪村旺林组余先富口述，祝厚林整理。

② 作者赵汉庭。

③ 作者毕深明。

④ 此四首民谣，解放前流行于鄂、皖边区。1963年张逢辰搜集整理，登载于《安庆报》上。

肩驮黑棍子，下乡吓老子。

二

远望是鸡萩，近看是碉楼。

任你多作怪，难保蒋光头。

三

打倒蒋介石，活割程汝怀。

跟着新四军，穷人站起来。

四

拔掉稗草好长秧，挖掉荆棘好栽桑。

人民要得出头日，只有打倒国民党。

绣荷包[①]

姐家门前一棵椿，来来去去好乘荫，烧茶端水多累姐，我买十样东西谢姐恩：一买一包红绿线，二买二包绣花针，三买三尺桃红布，四买四尺缎花青，五买胭脂姐搽脸，六买银环吊耳根，七买上身红绸袄，八买下身紫罗裙，九买大红鸳鸯枕，十买衾被盖姐身。

郎的情意我尽领，不必花费许多银，只要情哥不嫌我，绣个荷包谢郎君：一绣文官来朝拜，二绣武官守边廷，三绣黄龙来戏水，四绣鲤鱼跳龙门，五绣五月端阳景，六绣荷包笑盈盈，七绣银船鼓风浪，八绣海马游江心，九绣娥眉十绣月，我把情哥绣当中。

是我聪明学得多[②]

红公鸡，尾巴拖，三岁毛伢会唱歌，不是爹娘教的个，是我聪明学得多，问我歌子有多少，我的歌子用船拖。

打把剪子送姐姐[③]

张打铁，李打铁，打把剪子送姐姐，姐姐留我歇，我不歇。我要回家打夜铁，夜铁打到正月正；我要回家看花灯，花灯看到元宵后；我要回家种黄豆，黄豆开花绿豆芽。

① 由宝坪村旺林组余先富口述，祝厚林整理。

② 由宝坪村旺林组余先富口述，祝厚林整理。

③ 由宝坪村旺林组余先富口述，祝厚林整理。

哥哥锄草妹送茶，妹呀妹，你莫怕，长大给你寻个好婆家。

十二月花调[①]

正月迎春好粉蔷，二月兰草满岗香。
三月桃花红满树，四月梨花白如霜。
五月莲生双枝子，六月三伏看海棠。
七月莲蓬结莲子，八月桂花万里香。
九月菊花香满野，十月阳春好风光。
冬月雪花满天舞，腊月梅花遍山乡。

哭什么[②]

月儿弯，眼儿高，小姣人在房中哭得真烦恼。哭什么？想起我的郎，死的真冤枉。蒋匪军，丢炸弹，丢在郎身上。你呐不报仇？心想去报仇，脚小又难走。三岁小男孩，丢到那里过？你呐没有姐和妹？家有姐和妹，参加妇联会，做布鞋，打袜子，为了我军队。为了那一面？为了解放军，打垮蒋匪兵，为了我的郎，打死也甘心。

① 由宝坪村旺林组余先富口述，祝厚林整理。
② 由宝坪村旺林组余先富口述，祝厚林整理。

艺文杂记

宝坪村文化底蕴丰厚。留存下来大量佳作，或描述家乡的自然风光，或吊古抒怀，或吟咏人物，情真意切，感人肺腑。几百年来，宝坪百姓口头创作大量民间故事、民间文艺作品。这些作品如一幅历史画卷，描绘了宝坪古今风貌，呈现了宝坪乡土文化特色与文化品位。

◉ 现代戏曲节选

《抢娘》节选[①]

人物：王月英　女　60 多岁　家庭妇女

李大龙　男　30 多岁　王月英的儿子

吴莉莉　女　30 多岁　李大龙的妻子

李大凤　女　30 多岁　王月英的大女儿

李小凤　女　30 多岁　王月英的小女儿

徐　伟　男　30 多岁　小凤的丈夫

老　林　男　50 多岁　人民银行的工作人员

李大凤　（呐喊）妈！

（李大凤身穿工装，手持饭盒上）

王月英　哎，你下班了！

李大凤　（抱怨地）妈呀，你到那儿去？

王月英　到你哥哥家去呗！

李大凤　妈，我不是对你说过了吗！前几年，你跟哥嫂住在一起，受够了气。现在你身体又不好，如果住得惯，你就长住在我家算了！

王月英　这怎么行呢，赡养父母是每个子女应尽的义务，不是说都写上了宪法了吗？前几年虽然受了点气，我不怪你哥，也不怪你嫂，只怪社会风气。如今社会风气好了，你们兄妹三人，经过商量，不是说好了一家养一个月吗？这刚刚开始，就不执行了？

……

李大凤　（挡住去路撒娇地）我不让你走。

王月英　（故作嗔地）我偏要走！

李大凤　不行！

① 此剧本由望天乡文化站原站长吴合德提供。

王月英　就走！

【母女二人拉拉扯扯，老林上，把她们拉开】

老　林　哎哎哎，在这光天化日之下，你怎么欺负老人？

王月英　她是我女儿！

老　林　女儿就更不应该了！

王月英　老伯伯，你误会了！

……

老　林　哈哈哈！

（唱）你看这一家多和顺，上慈下孝令人钦。

女婿孝敬丈母娘，外婆心疼小外甥。

老娘执意就要走，女儿苦留老母亲。

好事之中也有矛盾，这叫老汉……

王月英

李大凤　（同时）怎么样？

老　林　（接唱）……费思忖。

（李大龙、吴莉莉、李小凤、徐伟为抢娘四人对打）

老　林　不行，不行清官难断家务事，我还有公事呢！我要赶快送钱去给王月英！

（欲下）

徐　伟

（同时）哈哈哈，她就是王月英！

吴莉莉

李大龙　给……我！

（同时伸手）

李小凤　给我！

老　林　（明知故问）什么？

来大龙　侨……

李小凤　侨汇通知单！

老　林　哈哈哈！这个王月英哪王月英，你害了多少人狗咬猪尿泡……

四　人　怎讲？

老　林　空欢喜，这个王月英的名字，同名同姓的，在这个小区里就有八个，我要找的王月英，可不是她！

四　人　啊，唉！（彼此招呼自己人）走走走，走走走！快快快！

（欲下）

老　林　（挡住）嗳嗳嗳，嗳暖暖，老娘你们就不要了？

徐　伟　他们不是要抢吗？我们发扬风格！

吴莉莉　我们风格一向高，你要给你！

李小凤　给你！

李大龙　给你！

（双方又起争吵）

李大凤　好了，好了，你们不要吵好不好？你们都不要，我就还接回去！

老　林　还是你好说话！

王月英　孩子，你家生活不如他们两家，我长住在你家心不安啊！

老　林　不要紧，不要紧，你弟弟寄钱来了！（拿出侨汇通知单）

王月英　什么？

老　林　你可有个弟弟叫王少英？他从南洋给你寄钱来了！

王月英　是呀！

李大凤　（恍然大悟）哦！

四　人　（对老林）嗳暖暖，你刚才不是说不是这个王月英吗？

老　林　（脸一沉，大声）谁叫你们抢？

四　人　（同时）唉！（狼狈地耷拉着脑袋）

老　林　哈哈哈！

【幕后合唱】君莫笑，细思量。

女儿抢娘可荒唐。

大打出手如此抢，

就是要钱不要娘。

《常金花斩夫》节选 [①]

人物：常金花　程天宝妻，后为征北大元帅

程天宝　新科状元，东台御史

程　母　程天宝之母

石云娥　石登女儿

彩　云　石云娥的丫鬟

周培义　相府滨师

店家、中军、侍卫、家将、家院等若干人

第一场　赶考赠碗

（幕后合唱）西窗苦读青灯照，庭前击剑忘深宵。

患难生涯结鸾凤，极目关山路迢迢。

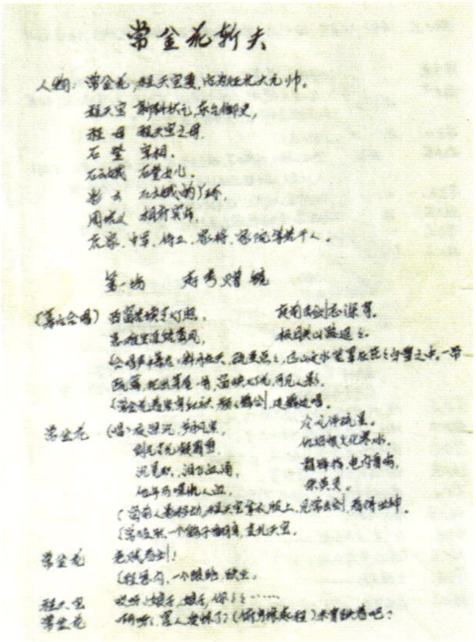

合唱声中幕启：斜月在天，疏星点点，远山近水笼罩在茫茫白雪之中。一带疏篱，托出茅屋一角，窗映灯光，可见人影。

小戏曲《常金花斩夫》手写剧本

常金花　着紧身红袄，频频舞剑，编舞边唱。

常金花：（唱）夜深沉，朔风紧，冷风伴疏星。

剑气青光凝雪霜，愁焰恨火化寒冰。

沉冤积，泪飞血涌，霜锋指，电闪雷鸣，

他年马喋仇人血，祭英灵。

（窗前人影移动。程天宝拿衣服上。见常击剑，看得出神。常猛然一个鹞子翻身，直扎天宝）

常金花　老贼看剑！

（程急闪，一个踉跄，跌坐。）

程天宝　哎呀！娘子，娘子，你、你、你……

常金花　啊呀！官人受惊了！（俯身搀起程）未曾跌着吧？

① 此剧本由望天乡文化站原站长吴合德提供。

◉ 宝坪诗文

望天山赋

〔清〕程象遗

粤稽芜皖，岁号中邦；丽山带河，画野分疆。立太湖之县，致孝义之乡。有望天之山，在邑北之旁。地届吴头楚尾，道通英六蕲黄。艾口岭为北道崎岖之锁钥；龙门桥作南渡门槛之津梁。东抵大西之岭；西至长岭之岗。周环两千余户；方圆二十里长。万民繁衍生息；百姓继自炎黄。田地肥沃广阔，尽是膏腴之壤；年年丰收入库，常盈储备之仓。秀水佳山，蕴含繁荣富庶；文乡武里，多有豪杰兴邦。

纵观全境，山河脉远流长；追思往昔，仙踪古迹流芳。由虎形而直上，可游历而观光；遥观马嘶铺大，堪疑省会城乡；因其热闹繁华，号称美邑荆阳。尤宜屯兵养马，护卫固若金汤。金勒马嘶芳草地，玉楼人醉杏花庄。回龙庵锁望天水口，观长岭有淑水琼浆。书堂山乃太白所居，上榜地为孝廉故乡。瞧儿湾有跨灶之美，漆树湾拥青漆增光。到茶地犹思茶女，过康湾谁忆康王。鹰咀崖苍鹰耸立，虎形山猛虎参羊。走银盘地，睹雄鸡昂立之妙象；过海螺坪，笑乌牛喘月之荒唐。夏家寨，将军之羽戟飞来，千山横扫；状元坊，状元之红旗归去，十里飘扬。钥灵校、培儒庄、先生追孔孟；诗赋赛汉唐。校园书声朗；诗苑翰墨香。杏花斋，养正堂，神医比扁鹊，药石救膏肓。观礼善堂追思孟德，游茅屋厂怀忆姬昌。上筏形，以效仙人撒网；乘船石，亦仿状元开洋。游朱家湾，看天鹅下蛋；逛马蹄铺，忆古时洋场。二骆相交，神山卸宝；双龙汇合，圣母祈祥。贤母诲子，金口玉言成佳兆（踩断旧桥换新桥，脱去蓝衫换紫袍）；状元见驾，出口成章悦君王（龙虎地，保驾山，狮象锁水口，日月把门关，两面钟鼓响，中间骆驼昂）。密松湾，竹林宕；牧童横笛赋，七贤议朝纲。近视阚河，畏风波而莫渡；远观柿岭，疑日月而重光。黄柏山头，何人更到；红岩石上，游客喧簧。鄂岭峰高，乃鄂侯之旧壤，韩冲巷古，疑韩愈之故乡。太阳庵，慈姑塘，三尊大佛今何在？野寺孤钟对禅床。流沙凸，沙流凸越长；穿风坳，风穿坳更凉。快活神仙来渡夏，攀高好汉恨空王（传说好汉坡与司空山比势长高，司空暗通天将，猛锤一击，将好汉坡打矮一截，变成了流沙凸。空王：指司空山）。过麂子坪，兔奔蛇走；攀猴头崖，鼠跳狐藏；登虎皮尖，望天山岗，继元诗赋今尚在，李荃足迹印何方？鹅公凸，白鹤飞来寻伴侣；艾口岭，长亭送别是鸳鸯。许家崖、马家崖，为两侯托足之处；大屋场、大胳膊，是武士扬威之乡。白树湾，白果满树；枣树铺，贡枣漂洋。中间屋，册封公侯百子；五重厅，往来鸿儒将相。谒崇让堂，犹忆三崇太伯；访子云亭，尚思英杰长祥。亭子学，魁星点斗；先师阁，孔圣书厢。麻栗尖、斗笠尖，如文笔之顿地；金丝岭、熊坡岭，似宝剑之锋芒。黑沟槽、月形岗，琼楼玉宇莺歌啭；黄泥冲、车形湾，画栋雕梁桂子香。龙吐珠、凤展翅，龙飞凤舞朝红日。狮昂首、马翘尾，狮吼马嘶系绿杨。龟在笤箕坐，蟹于夹中藏；枫树坳霜枫红蝶飞舞；团山坡蒲团绿茶飘香。大林庵、梦醒庵，慈云法雨消灾患；汪圣帝、华佗祖，中流系舟威灵降。新菩萨，人狮普度；观音坪，百花齐放。陈碧山，灵芝献宝；毕家湾，毕升设防。前山林，罗汉显腹肚；后山林，观音坐莲床。五星庙，威灵显圣；立祖祠，祖德弘扬。三省堂，造垛楼维护祖业；五石桥，迎官轿往返山庄。文楷墓，山势如仙人打坐；鸡窝冲，形态似燕子伏梁。梅树坳，乃是余家山下；汪家冲，哪有汪氏村庄。十八盘如螺丝转顶；十二岭若九曲回肠。彭家河，山清水秀，清水滩鸟语花香；杨家山，横亘中脉；丝毛湾，坐卧山场。江家河，潭深石怪；潘罗冲，树古山苍。柏树湾，九龙戏珠曾卧虎；天字崖，顶天立地作脊梁。宝剑出匣，双峦紧锁锋芒隐；笔架横空，泰斗濡毫翰墨香。龟蛇寝，犬当岗，金钟频奏凯，双凤喜朝阳。金盆养鲤青牛妒；玉带环狮彩凤翔。纱帽石上，青藤红藓密密；马鞍山麓，玉宇琼楼幢幢。千合升子斗（有斗石，升子石）；万年蜡烛红；得道仙人不便带，云缨一扫成石装。双龙出洞，滋润千山佳木秀；九龟下河，嗅出万里稻花香。花坪坂，莲枝堂；鱼跳峡谷险，观音化吉祥。横河岭下梅家湾，花果山中太平庄。笤箕潭映月，一龙潭化江。龙兴寺内钟鼓响，马蹄堰里出平洋。

纵观望天全景，人文风水堪夸。集天地之灵秀，汇古今之精华；托衷情于片纸，揽世界入烟霞。目遇之皆成胜景，耳闻之广传佳话。援笔成文，且恕简书概略；追踪溯源，宜其发掘详查。地以文传，荟骚人墨客而吟咏；景如画展，催丹青妙笔而生花。受天地之造化，揽赏日月之光华。无边光景，尺书片纸难详尽；有趣山川，囊括风月更无涯。

张逢辰诗选

春雨

本来身价贵如油，细雨匀筛遍沃畴。
如许公平滋万物，不凭关系不私谋。

春早

乡村三月少闲人，芳草旋铺大地春。

科技兴农农事早，何劳布谷再催耕。

雨后

久望云霓喜转阴，纷纷丝雨系鸠声。
田园蔬果欣滋长，雨后山花分外明。

晚眺二首

一

暮烟袅袅水悠悠，柳影参差上翠楼。
云锦如花红烂漫。牧歌唱晚闹村头。

二

溪边钓叟免垂钩，群鸟归林闹不休。
饱看晚霞红似火，一帘月照系渔舟。

重阳

黄花正放又重阳，对镜窥颜两鬓霜。
曾记争相骑竹马，未忘奔突捉迷藏。
光阴似箭宜珍惜，世事如棋费估量。
岂让余年虚度过，高烧红烛恋书香。

闲况

春风一度一华年，思绪如潮感万千。
假日顶工忙种地，小苗成树绿参天。
曾将拙笔描山水，业学吹竽弄管弦。
书剑无成方怅晚，未曾勤读百家篇。

返乡吟

三年离去再还乡，水秀山清似画廊。
阵阵禽声惊晓梦，斑斑树影沐朝阳。

黄花正放添佳趣，翠竹轻摇报吉祥。
旧雨新知相见喜，泥炉煮茗客先尝。

听鸟

听鸟寻幽兴味长，不思闹市恋山乡。
修身漫步垂杨岸，学艺才登翰墨场。
坎坷人生难预料，纷繁世事费评量。
云消雾散青山在，竹韵琴书伴夕阳。

赵荣文诗选

夏夜偶咏

一元火热似蒸笼，欲借银蟾伴我明。
暑气逼人侵脑阁，凉风送爽袭胸襟。
虫声合奏天然曲，萤火飞流小院灯。
坐看星辰瞻北斗，雄鸡高唱太阳红。

散步

小步丘陵兴致赊，微风拂曙漾天涯。
朝曦万里千重彩，夕照群峰满晚霞。
喜听农歌飞捷报，兴怀丰稔乐山家。
天机浩荡烟尘散，牧野儿童唤犊哗。

反内战致词

举世纵横触怒涛，舞台演出竖眉梢。
人民渴望和平日，将士希期解战袍。
可恨乌烟频作瘴，满寰风雨动尘霄。
中原革命惊东土，纸虎焉能顽叫嚣。

偶题

暮年晚景两茫茫，欲泛孤舟走海洋。

明月碧波空有色，维余莽莽逐扶桑。

为人说合

三槐门弟贮金娇，陇海尊台架鹊桥。
天水身萎羞作介，内黄感激缔新苗。

赵荣孚诗选

而今到处是桃源

南巡指示放光芒，决策英明新谱章。
城市繁华春颖锦，乡村确若小康庄。
民安国泰升平世，鸟语莺歌鱼浅翔。
无束无拘欣自得，而今到处是桃源

欢庆建国 53 周年

辉煌灿烂五三春，四海欢腾奏凯功。
科教兴邦齐并进，亚欧携手共繁荣。
东西输送欣融合，南北工交喜畅通。
宏伟蓝图成锦绣，富民强国更兴隆。

咏梅兰竹菊

玉骨独钟天地秀，幽居深谷避尘侵。
傲霜晚节香尤烈，一片虚衷契我心。

赵家冲里风光好

赵家冲里风光好，四海能闻翰墨香。
骆驼旗开来保驾，象师锁在回龙旁。
凤凰展翅金鸡叫，钟鼓齐鸣日月煌。
四代翰林荣赵氏，杏花村口状元坊。

赵锡键诗选

屡见魁星未足奇

何用扬鞭也奋蹄，披风神骏望天嘶。

从来形胜钟灵地，屡见魁星未足奇

张以群诗选[①]

为望天树立铜铸奔马点赞

望天山上四时春，千里奋蹄日日新。

文化之乡花胜景，扬鞭龙马长精神。

吴鹤鸣诗选[②]

笑贺安康享太平

喜鹊枝头报信频，引来百鸟动欢声。

归来骏马嘶鸣乐，笑贺安康享太平。

◉ 故事传说

数百年来，在宝坪村内流传着许许多多的民间传说故事。这些传说故事，有的是宝坪当地特有的，有的则是从外地传入的。这些民间传说故事，有人物传说、地名传说、神话故事、物产故事、风物故事等。多姿多彩的传说故事，寄托着宝坪人对美好生活的向往和对大自然的敬爱之情，多少年来，在群众中口口相传。这些民间口头文学，尽管略显粗糙，但它是珍贵的民间文化遗存，是宝坪人智慧的结晶。

赵文楷轶事

蒙馆受窘

传说赵文楷 5 岁时开始破蒙，在吴家冲姑家附近枣树铺读蒙馆。蒙馆附近河边有一棵千年银杏，树下有座社庙，庙里有菩萨，庙前有一条大路，是赵文楷上学必经之路，赵文楷的启蒙老师叫吴春雷。

有一天放学时，赵文楷和几个同学一起玩耍，居然跑到社庙里戏弄菩萨，赵文楷摘

① 摘自北中镇诗词学会诗刊《状元风》第 7 期。

② 摘自北中镇诗词学会诗刊《状元风》第 7 期。

一片大香瓜叶，中间掐一个大窟窿，然后匡在菩萨颈上，其他几个同学在菩萨脸上画上各种图案。

后来这菩萨托梦给先生说，蒙馆里有位文官，无缘无故给他戴上枷锁，实在冤枉，请求先生解脱。先生依梦所托，便到社庙察看，果然如此，看到社庙被糟蹋的样子，非常恼火，回去想好好治治他们。

春雷先生回馆后，对所有学生一个个追问，当问到赵文楷时，赵文楷低头不语，愧对先生，主动承认了给菩萨戴枷的过错。先生气呼呼地想了一个法子惩罚他。

中午放学时，先生将赵文楷留下来，责令他跪在板凳上，并将一块盛满墨水的砚池放在他头顶上，不但不让他动弹，还要跪三个时辰。不多久，另一位先生进来了，见此情景，便对春雷先生说，换一种罚法如何？文楷好不容易盼来了救星，却又换一种罚法，不知如何是好。

那位先生说："这样吧，让他说诗文，说对了就免罚，说不出再罚不迟。"春雷先生点头称许。从未受过处罚的少年赵文楷，想到自身受窘情形，马上脱口而出："四方歙砚一池水，压住黄龙不摆尾。若得春雷一声响，黄龙直上九霄飞。"先生听后，惊讶不已，平时不爱说话的学生，一下子开了金口，又出语不凡，便转怒为喜，立即解除惩罚，并连夸文楷将来必成大器。

传说社庙里土地老爷托梦给庙边居住的一位长老，说是天天有文曲星在门前经过，难以起身迎接，长老就依梦改换了庙门。当时谁也猜不出哪个是文曲星？后来才知道是赵文楷。

赵文楷巧对店老板

某年，赵文楷一行八个秀才上京赶考。有一天，路过辛家冲崖时，看到一家饭店，其他七人先到，又累又渴，想进去歇息一会儿，讨碗茶喝，等等落在后面的赵文楷。正巧这时，店老板正端坐在店门口路中间的一把藤椅上。一见这七个疲惫不堪的人，想试一试他们的口才。店老板说："你们要是有人对得上我出的对子，茶水不挡路，随便喝。"有个秀才说："请赶快说出上联吧。"店老板一边点人头，一边说："七鸭游湖，点点三双多一只。"七个秀才一听是嘲弄他们的上联，又气又恨，但一时又对不上来，于是个个垂头丧气地坐在路边的石坝上。

不一会儿，赵文楷赶到，见他们刚才在路上谈笑风生，一到这里就变成残兵败将似的，便忙问其故。这七个秀才气嘟嘟地一指路中间的店老板说："就是他出对子戏弄咱们！”赵文楷一听上联，再看看店老板得意的样子，马上脱口而出："尺蛇挡道，量量七寸差三分。"店老板听到这既妙绝又辛辣讽刺的对句，顿时面红耳赤，忙起身让座，并连声赔罪，忙呼内人沏茶做饭款待这一行人。

除夕夜鸡

赵文楷十多岁时，祖父、父亲相继去世，家道中落。母亲靠为人帮佣养家糊口，生活困苦可想而知。据说一年过年，赵文楷家连粒米都没有，母亲流着眼泪，一筹莫展。赵文楷却笑嘻嘻地安慰母亲说："莫急，莫急，我有办法。"夜幕降临，人们听到祠堂背后的树林里夜莺长鸣，依稀可听出，叫的声音是"新科状元赵文楷，新科状元赵文楷"。人们很诧异，以为是神仙显灵，纷纷端着鸡蛋、酒米送到赵文楷家。赵文楷的母亲知道是赵文楷在装神弄鬼，但因为大过年的，家里米都没有，实在没有办法，也就随他去了。

李杜妙对

太湖境内，大湖河和小湖河的抄口处，有一个繁华的小集镇，名叫李杜店。镇上大多是饭庄酒馆，来往行人络绎不绝。

一天，赵文楷去县城求学，路过此地，因饥渴，进了一家酒馆歇脚，向店主要酒。店主问："要小壶的，还是要大壶的？"赵文楷说："我们人多，大壶小壶都要。"这位店主也不是等闲之辈，好结交天下名士，见赵文楷出语不凡，仪表不俗，就上前拱手说道："请问贵客尊姓大名，府上哪里，意欲何往？"赵文楷见店主热情谦恭，忙施礼作答："我鄙姓赵名文楷，今往县城求学。"店主听说来者就是早有闻名的学子赵文楷，连忙说："久仰大名，今得幸会，请你联我一对如何？"赵文楷微笑着说："请吧。"

店主搬出酒壶，放在赵文楷等人面前，慢条斯理地说："李杜店沽美酒小壶大壶。"

赵文楷一想，店主用地名，即兴出题，我何不也用地名，即兴联对，只见他不紧不慢地踱至行李边，手抚一捆书籍轻声地说："司空山观兵书前部后部。"

店主一听，也嵌入三个地名："司空山""前部""后部"，对仗工稳，不由得从心底敬佩，脱口连说："妙，妙！"

联语讽小气鬼

有一户人家做了两间新屋，这户人家的主人很吝啬，既想争得亲友的重视，但又不想花钱办酒招待客人，便四处放风说："两间茅屋待客，厌穷别来，来则好吃。"

一些亲友碍于利害关系，不得不重重送上贺礼。小气鬼也办了一桌酒水敷衍一番。

赵文楷在附近学堂读书，听同学传说此事，有心讽刺一下这小气鬼。

小气鬼办酒招待客人的那天，赵文楷溜出学堂，跑到小气鬼家，当众向小气鬼奉上红纸包，说道："你老人家前不久说'两间茅屋待客，厌穷别来，来则好吃'；我今奉上一点微礼，叫作'三个铜钱贺喜，嫌少莫收，收则爱财'。"

众人听赵文楷一说，无不大笑，感到十分解气。

小气鬼被讽刺得脸青一阵红一阵，手既伸不得也缩不得。

赵畇题咏昙云墓

清嘉庆十三年（1808），山西观察赵文楷病逝雁平，25岁的王夫人携子扶梓南归，定居于县城之内。赵文楷遗腹子赵畇（1808—1877）少慕龙山美景，尝读书于龙山之麓智果庵中。

龙山旧有宋处士向荣之墓及宋进士黄忱之岳母顾夫人之墓，但最有名的还是清顺治间邑令李世洽侧室王昙云之墓了。美姬王昙云生前即深爱龙山，常在暮春之时，到龙山赏花。见野花满径，便收敛埋葬，名曰香冢，可惜红颜早逝，李世洽忍痛葬之于龙山之麓。且于墓冢四周，广植桃树，并题墓门云："元寄无端，偶为山川留玉佩；春归何处，可堪风雨问桃花。"后又在墓旁建有智果庵，供奉美姬小像，特置庵田30余亩，永为香火之资。一到暮春三月，昙云墓处便鲜花烂漫，鸟鸣嘤嘤。邑中红男绿女，多来凭吊。

赵畇于道光二十一年（1841）考中进士后，衣锦还乡，重游故地，香冢依然，桃花又开，便挥毫撰联云："青冢依然，何处问美人香草；红尘不到，此间有流水桃花。"

◉ 民间谱牒

家谱又称宗谱、族谱、家乘、祖谱、谱牒等。一种以表谱形式，记载一个以血缘关系为主体的家族世系繁衍、迁徙、发展的事迹和家族重要人物事迹的特殊图书体裁。是以特殊形式组织和编写的家族生活史。

宝坪村赵姓最多，占60%左右，吴姓和余姓各占10%左右，其余彭姓、毕姓、李姓、江姓、张姓、王姓、祝姓等和其他姓合占20%左右。绝大部分都修有宗谱，各姓家谱风格独特，异彩纷呈，但大的框架、叙述方式却大同小异。

吴氏宗谱 吴氏出自夏朝吴国太伯仲雍之后，并以国为姓，后以春秋时期的延陵季子（吴季札）为始祖，望天吴姓于明洪武年间（1368—1398）从江西迁入，已繁衍近 30 代人。

《吴氏家史》　　祝厚林　摄

吴氏自明朝万历年间（1573—1620）肇修《吴氏宗谱》以来，共修了十多届家谱。大体时间分别是明万历二十三年（1595）、崇祯五年（1632）、康熙五十一年（1712）、乾隆四十六年（1781）、嘉庆十五年（1810）、道光二十八年（1848）、光绪九年（1883）、1913 年、1943 年以及 1989 年和 2009 年。

吴氏派系歌：梦彦七清夫，延恭仕百万，玉世英用贤，守启国安邦；家道长敦洽，承礼宜先进；兴仁益后昆，高攀希圣格，至德耀宗名。

吴氏郡名为延陵郡、渤海郡、梅李郡。吴氏堂名有崇让堂、致和堂和三省堂。

江氏宗谱　江氏自宋代江贵一迁居望天江河柏枝树湾，后称江家湾，已有 20 余代，近千人口。据 1944 年续修《江氏宗谱》载，江业起于清同治年间（1862—1874），自江河柏枝树湾迁入望天夏家冲徐家，至今繁衍十五代。

《江氏家志》　　祝厚林　摄

江氏清乾隆三十一年（1766）肇修《江氏宗谱》、嘉庆十七年（1812）续修《江氏宗谱》、道光二十八年（1848）续修《江氏宗谱》、光绪十年（1884）续修《江氏宗谱》、1939 年续修、后在 1844 年续修、1990 年又进行第七次修谱，谱中录入清代、民国时期的江氏众多的武将文丞的事迹和略传，其高尚节操和忠肝义胆令人感叹。

江氏派系歌：贵升江万一，久龙应永传；德盛辉先业，文明启世贤；进兴增教广，保治定功全；精忠承祖训，浩义绍群英；宽宏宜智勇，仁道昌其平；振亚强伟国，荣华裕后昆。

余氏宗谱　余姓何时何地迁居望天未能考证，仅知略迟于吴赵二姓，隶属何郡也不得而知。

余氏居住宝坪村的时间比较早，从《余氏宗谱》中来看，其修谱时间也较早。

《余氏宗谱》　　祝厚林　摄

余氏修谱时间从唐代就已开始，唐天复三年（902），宋咸平三年（1000），元祐八年（1093）、淳熙六年（1179），元大德十一年（1307），明洪武二年（1369）、弘治四年（1491）、嘉靖七年（1528）、万历三年（1575）、万历六年（1578）、万历四十年（1612），清乾隆六年（1741）、嘉庆二十年（1815）、道光二年（1822）、道光二十三年（1843）、同治四年（1865）、同治五年（1866）、同治八年（1869）、光绪十三年（1887）、光绪十八年（1892）、光绪二十年（1894）、宣统三年（1911），1913 年、1915 年、1919 年、1937 年、1940 年、2006 年先后数次修缮。

余姓共有六个堂，即：宣教堂、忠宣堂、双峰堂、三合堂、传经堂、世德堂，合修后合成一堂即合兴堂。

2002 年，余氏派系歌修谱定为：启方世永序，昌怀应芝明；守国安邦定，家祥道义成；和平传福远，宗兴德厚长；功高多才志，学海任发扬。

毕氏宗谱　毕氏在宋末元初迁入望天海螺、书堂等地。《毕氏家谱》系 1925 年重镌，河南郡太宿望纂辑，共 13 卷。1990 年第六次续修后有 15 卷。

《毕氏宗谱》　　祝厚林　摄

毕氏自清嘉庆三年（1798）肇修《毕氏家谱》。随后分别于道光九年（1829）重修《毕氏家谱》，咸丰十一年（1861）三修，光绪二十年（1894）四修，1925 年五修，河南郡太宿望纂辑，共 13 卷。1990 年第六次续修后有 15 卷。2016 年七修《毕氏家谱》。

毕氏派系歌：佑启本祚，支大光昌；宗祖先业，德惠深长；传家忠厚，华国文章；贤良继起，世代名杨；应时立志，振兴自强；精诚团结，和平安康。

毕氏家训：教孝弟、崇学问、亲师友、谨言行、重农圃、崇节俭、严内外、息争讼、戒淫欲、存阴隙。

彭氏宗谱　望天宝坪彭姓是由湖北省英山县石门冲村和陶家坊村交界处彭家畈迁入，具体迁移时间不详。现有人口七十余人，彭氏自宋绍兴三十年（1160）修《彭氏修著图谱》，乾道九年（1173）修《彭氏族谱引》。清乾隆二十三年（1758）首修《彭氏宗谱》，其后，乾隆六十年（1795）续修宗谱，嘉庆七年（1802）三修宗谱，道光十三年（1833）四修宗谱，道光二十六年（1846）五修宗谱，光绪十六年（1890）六修宗谱，2011 年七修宗谱。

《彭氏宗谱》　　祝厚林　摄

彭氏派系歌：汝尧念添泰，彦千庆辛丙；钟开文初讳，德万时日必；欲大光宗祖，先宜达义方；易书承绪典，安惠立官常；柱国忠为宪，鼎元士有望；盛朝培植厚，毓秀桂兰芳。唯儒久尊贤，秉直施政强，俊美全长福，中华永葆昌。

祝氏宗谱　清乾隆四年（1739），祝思齐携妻及子孙由湖北省浠水县迁居太邑望天宝坪长岭居住。

祝氏初修，康熙四十六年（1707）秋，创修族谱，汇成墨谱；同治六年（1867）秋一修宗谱；光绪二十一年（1895）续修宗谱；1928 年三修宗谱；1988 年四修宗谱；2014 年合修宗谱。

祝氏派系歌：凤景朝单名，绍公仕大良。文一应承先，志宏启家声。兰方桂秀明，翔鹤鸣德优。业广学富增，荣书传令绪。诗化衷情怀，清行笃导正。戒盈尔其昌，炽万世咸桢。

李氏宗谱　李氏在宝坪分布于三合组，人口近百人，其迁入的地点和时间不详。李氏迁望天始祖振用，字湘林，号江林，生于清嘉庆十五年（1810）十一月二十六日午时，卒于光绪二十四年（1898）九月初七寅时，葬望天吴家冲周屋上首，迁湖十六世李氏，先居住吴家冲，后搬夏家冲。在望天居住十一代。

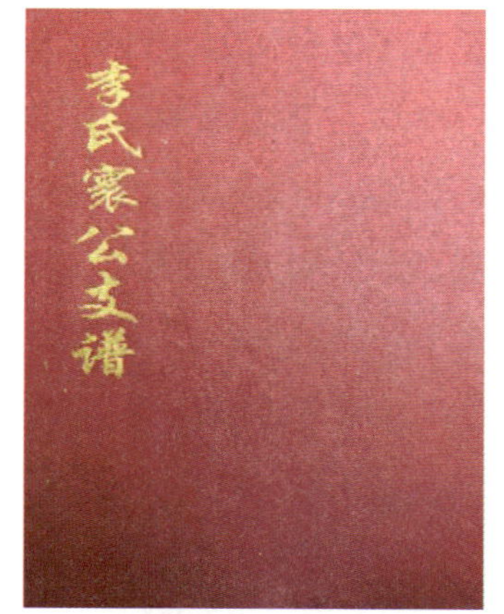

《李氏寰公支谱》 祝厚林　摄

李氏清乾隆四十二年（1777）为《墨谱》，嘉庆五年（1800）首修《李氏宗谱》，道光二十六年（1846）续修宗谱，光绪三年（1877）三修《李氏宗谱》，光绪三十二年（1906）四修宗谱，1936年五修宗谱，2005年六修《李氏宗谱》。

李氏派系歌：巨志可璋，淳兰向献，孔必应士，家声长振，世德作求，敬承宗法，懋建经猷，道传忠恕，志继伊周，学恒昌盛，群启先筹，高名博厚，燕翼贻谋。

张氏宗谱 张氏分别于清代末年和1952年迁入宝坪，张氏的原居地在原玉珠乡张河村。据《张氏宗谱》记载，张氏共九修宗谱，首修宗谱时间是清乾隆七年（1742），续修于嘉庆十一年（1806），三修于道光十七年（1837），四修于同治六年（1867），五修于光绪二十三年（1897），六修于1923年，七修于1943年，八修于1990年，九修于2011年。

张氏派系歌：正秀德成才，志广玉廷张。希尚其忠永，诗书传世本。礼义承先绪，贤良裕后昆。开怀增寿纪，博学建功勋。

王氏宗谱 清道光年间，王氏由潜山牌楼马腰王屋迁太湖县马嘶铺（王氏自然村今属宝坪村所辖）。明隆庆五年（1571）王氏首修《王氏宗谱》，其后，万历十五年（1587）续修宗谱，清顺治八年（1651）三修宗谱，雍正六年（1728）四修宗谱，嘉庆九年（1804）五修宗谱，道光二十五年（1845）六修宗谱，同治九年（1870）七修宗谱，光绪二十四年（1898）八修宗谱，1942年九修宗谱，1990年十修《王氏宗谱》，2001年十一修《王氏宗谱》。

王氏派系歌：九妙兴文汝，积善以居家。世思祖在位，报君恩遇遐。忠义昭先德，诗书启国华，修其钦有道，汉业庆多士嘉。

宝坪村文学作品一览表

表18

朝代	姓名	作品
清	赵学浩	《制艺》百篇、《西蜀游草》二卷
清	赵文楷	《砾存集》《楚游草》《闽游草》《槎上存稿》《石柏山房诗存》《独秀草堂古今文》《于京集》《遄征集》《木天近录》，杂剧有《菊花新梦》
清	赵文元	《悔初时文稿》《北游草》《南归草》
清	赵　畯	《春草秋虫吟草》《留有余警语》、《芝田姻丈大人修路告竣》五言律诗四首
清	赵　昀	《漕运志》、《宣宗（道光）皇帝实录》、《筹办夷务始末》、《遂园诗抄》六卷、《遂翁自订年谱》，另有《救荒记》
清	赵继元	《静观堂遗集》二卷，其中诗一卷、文一卷

续表 18

朝代	姓名	作品
清	王梦兰	《三十六鸳鸯吟舫》
清	赵继馨	《小月花竹轩诗集》，另有《恭颂芝田姻丈大人平途工竣》七律三首
清	赵继兰	《俚言四章恭颂芝田亲翁大人修路告竣》《七古一章恭纪芝田姻大人监修龙门桥落成》
清	赵曾重	《味琴山馆集》
解放后	赵荣孚、赵福儒、吴洽恒	创编的戏剧《劳模互助组》
解放后	赵荣孚、赵福儒	创编的戏剧《花好月圆》
解放后	赵东梅、吴金云、吴碧宵	创演的戏剧《重返人间》
解放后	赵锡清	创编的大型舞蹈《东方红》
解放后	张逢辰	诗集《龙山吟草》、报告文学《来自状元故乡的报告》

人物

“东鲁雅言诗书执礼，西京明昭孝悌力田”。赵文楷这副对联，充分体现了宝坪良好的家风和学风。宝坪地处偏僻，钟灵毓秀，群山所环，民风朴淳，学风坚实。“书读五车还嫌少，诗吟万卷不为多”，由于有这样的学风，赵氏家族翰墨相传。

宝坪村的村民勤劳、勇敢、朴实、智慧，富有创造精神，他们在不同行业施展才华，多有建树，对经济、社会的发展发挥了一定的作用。

赵璧（1578—1659） 赵文楷八世祖。字连城，号廷聘。历任高邮州学正、江西乐平县知县、浙江庆元县知县、升任福建建宁府同知，诰赠奉政大夫。赵璧少时颖敏，多才多艺，游太学时受大司成所器重。明万历四十六年（1618）登贤书，他任乐平县县令时正值饥荒，老百姓交不出赋税，他捐俸代交，使许多饥民得以生存下来。他任浙江庆元县令九年，以德政安民，公正治事，地方大治，声望益隆，庆元人众议为他建祠，他坚拒不可，乃建文昌阁于县北城上，并刻像于阁之左。后调任建宁府同知，庆元老百姓特为他立生祠以示纪念。

赵畯（1806—1869） 赵文楷次子。字栎民，号晋生，岁贡生，候选训导、敕授登仕佐郎，赐封奉政大夫，诰赠朝议大夫。两岁时父亲去世，由母亲王太夫人抚养，“家无余资，故庐数椽，仅蔽风雨，薄产所入，不足糊口”。少长，与弟赵畇共几研读，形影相依，友爱尤笃。当时家道益落，王太夫人年事渐高，一切家务全靠赵畯悉心料理，并筹划得井井有条，使弟弟赵畇潜心研读，终成进士。赵畯天性亢直，与人交往不为城府，人们都敬畏并信服他。赵畯教育子姓甚严，族中卑幼无敢嚣争及饮博失业。赵畯少小即持家事母，专心举业。省试虽屡获推荐，终不得售，仅以明经终。

赵继泰（1841—？） 原名复泰，又名继龢，字子春，号密庵，更号惺庵。赵畯三子，光绪五年己卯科（1879）举人，光绪十五年己丑科（1889）进士。官至刑部一等主事，直隶司行走，河南补用同知，直隶知州，军功加四品衔，赏戴花翎，诰授奉政大夫。县志文苑传称其学邃，学养丰厚，工诗善古文辞。书法也有造诣，有“一片云山摩诘书，四时花鸟杜陵诗”行书七言联存世。

赵继泰

赵继椿（1873—1939） 号春木，赵昀三子。庠生，光绪二十年（1894）恩科举人，是中国近代史上的教育家。他在民国初任安徽省议会副会长，同时在 1914 年 9 月至 1920 年 12 月，兼任省立第一师范学校校长。

为了培养合格的师范生，赵继椿主持学校工作期间，主要抓了五个方面的工作：实行服务，注意风纪，预备第二次成绩会，整理阅报室，注意体操整顿课外运动。

赵继椿治校有方，安庆第一师范学校教学质量在当时是有口皆碑的，为发展安徽教育事业，培养了大量的合格教师。

王梦兰（1826—1862） 赵继元之妻，又名畹芬。其家与赵家世代交好，多有联姻。祖父王好音，当过四川洪雅县知县，与赵文楷相交甚厚，两人经常写诗唱和。父亲王锡燕，监生。母亲赵氏，为赵文楷的堂弟赵文焕的女儿。王梦兰小时候得到良好的家教，打下了扎实的文学根基，能诗善词。道光二十五年（1845），王梦兰嫁与赵继元。时赵畇在京为官，赵继元与王梦兰住太湖县城赵府。

王梦兰嫁到赵家后，上尊长辈，下勤抚幼，深受赵家上下的好评。闲时写诗填词，与赵继元时有唱和。道光二十七年（1847）生下长子赵曾重，后也考取进士，为赵家第四代翰林。道光三十年（1850），王梦兰随丈夫移居北京。咸丰元年（1851）生下赵朴初祖父赵曾裕。

太平军风起云涌，王梦兰随丈夫离京，奔走于乱军之中，行迹于湘、粤、皖、鲁等省。三子赵曾衍，生于山东，此子深得王梦兰夫妇喜爱，然七岁突发痼疾，百药无医而夭折。咸丰九年（1859），王梦兰生女赵喜官，后嫁李鹤章三子李经羲。李经羲曾任民国国务院总理兼财政总长。咸丰十一年（1861），王梦兰又生子曾臺，百日后因庸医误诊，夭折于湖南郴州。奔波之苦，丧子之痛，给多愁善感的王梦兰以极大的打击，于同治元年（1862）病逝于南京，年仅 36 岁。

王梦兰生前写诗填词不下千首，但在乱世之中多未留存。其女赵喜官长大成人后，从家中搜集母亲遗作，受到其夫李经羲的特别喜爱，恐再遗失，乃编成书，名《三十六鸳鸯吟舫存稿》，由其子李国筠手写付印。李国筠曾任民国参政院参政、大总统顾问等，他娶了其表姐——赵曾重的长女。

《三十六鸳鸯吟舫存稿》于光绪二十一年（1895）由合肥李家刻印，套色彩印。李经羲作序，李国筠题跋。《三十六鸳鸯吟舫存稿》也可为赵、李两家世好之证。

赵继莲（1838—1892） 赵继莲是赵畇次女，李鸿章继配，在兄弟姐妹中因排行在第八位，故又称赵八小姐、赵八姑。此外，她的女儿李菊藕是民国才女张爱玲的祖母。

赵继莲受家教熏陶，俊雅贤淑，通晓治世经国之事，25 岁时，还待家闺中，在赵畇同僚、李鸿章兄长、时任湖南知府的李翰章的撮合下，与当时奉命署理江苏巡抚且原配周夫人病逝的李鸿章结为夫妇，于同治二年（1863）十二月，由其叔父赵畯送赵继莲到苏州与李鸿章完婚。

赵继莲自从嫁给李鸿章之后，李鸿章声望日隆，不是忙洋务，就是组建水师，不是任地方总督，就是任北洋大臣，出将入相，权倾一时。李鸿章由衷感激赵继莲给自己带来的好运气，于是对她百依百顺，敬重恩爱有加，不知不觉背上“惧内”的名声。

同治年间（1862—1875），捻军起，李鸿章与赵畇为平定捻军，由赵畯护送家眷避乱深山之中，回住老家望天赵氏宗祠，时赵继莲亦携母在望天避难。不久，有捻军至望天，追杀李鸿章家眷，赵继莲闻讯逃难。在当地人指点下，化妆成尼姑在海螺大林寺避住，躲过追杀。三年后，李鸿章平定捻军，遂上望天寻找家眷，当他从大林庵接到毫发无损的赵继莲时，感激不已，回去后立即亲书“慈云法雨”匾额送至大林寺感念众菩萨的保佑，至今尚有残匾藏于赵氏人家。

1892年夏季，患有肝病多年的赵继莲因病去世，享年54岁，葬于合肥东效大兴集。

赵曾槐（1862—1914） 字燧冬，赵畇次子赵继佶之次子。光绪十七年（1891）优贡。历任浙江丽水、黄岩、长兴知县。1906年9月，周馥调任两广总督。他以“两广政务殷繁，近来时事多艰，筹饷、练兵、布置防备均关紧要”为由，向朝廷上奏，要求调赵曾槐等五人到两广辅佐政务。赵曾槐曾担任过浙江瓯海道尹。著《麻埠茶谱》，1935年，刊印出版。

赵曾裕（1851—1891） 字仲宽，号荣甫，赵继元次子，赵朴初祖父。是光绪二年举人，江苏候补知县，加同知衔。1923年《太湖县志·义行》评价其“公少年登贤书，器识宏毅，慷慨施与”。

赵曾裕

赵纶士（1890—1950） 名恩承，赵文楷第五代孙，毕业于安徽高等学堂。抗日战争前任安徽省第一师范学校教导主任，教育厅视学，徽州师范学校教员，曾到菲律宾及南亚各国考察教育。抗日战争期间任安庆六邑联立中学校长。1913年，青年学会太湖分会在安庆成立，赵纶士为该会“题名录”撰写序言，要求青年“趋向同，举止同”与“全国青年抱同一日趣而赴之”。抗日战争爆发后，六邑联中从安庆迁至太湖姜家岭，他出任校长。率领学生搬石运瓦，创建校舍，又将母亲去世时亲友赠送的钱物全部充资建校。他为学校谱写校歌，勉励学生做“长江的中流砥柱”。还以校园的竹子为例教育学生要努力读书，早日成材，“宜将干家而栋梁”。寒暑假带领学生到城乡开展抗日救亡宣传。1938年，国民党安徽省政府下令解散各地抗日救亡民众总动员会等群众组织，他为掩护太湖“救委会”中任职的共产党员孙觉和共青团员李文涛等人，将他们安排在六邑中学教书，后又将他们安全转移到皖北抗日根据地。中华人民共和国成立后，赵纶士出任安庆行署和华东生产救灾委员会委员，奔赴灾区组织灾民恢复生产。曾到上海等大城市募款募物，支援安庆地区的灾民恢复生产。

赵荣声（1915—1995） 燕京大学新闻系毕业，工人出版社副社长、副总编辑。1935 年在燕京大学读书时，接触并接受了马列主义，在《燕大周刊》上撰写了不少宣传进步和抗日的文章，在同学中颇有影响；同年加入中国共产党，任支部宣传委员。积极参加“一二·九”运动，在宣传工作中非常活跃，被中共地下党外围组织“社联”吸收为盟员，不久担任“社联”书记。后被选为燕大学生会执行委员，任《燕大周刊》总编辑。1937 年春，与一些同学到达中共中央所在地延安，受到中共中央毛泽东等领导同志的接见。回到北平后，在报刊上积极宣传革命情况。《活跃的肤施》被武汉一家出版社出版，这本小册子在当时产生了很好的宣传效果，使许多知识青年受到影响，走上革命的道路。后参加丁玲领导的西北战地服务团，任通讯组组长。1938 年 2 月，赵荣声受组织派遣，到国民党第一战区司令长官卫立煌部做统战工作，任卫立煌的少校秘书，为地下工作人员和中共组织、革命军队提供情报和物资方面，做了大量的工作。刘少奇从延安到洛阳找赵秘密谈话，嘱咐赵长期隐蔽下去，等待时机，做好随时应变的准备。1942 年，赵荣声到已迁往成都的燕京大学学习。中华人民共和国成立后，赵荣声分配到全国总工会工作，不久调到工人日报社，任《工人日报》文化生活组组长。通讯集《在建设的日子里》被新文艺出版社出版，《一个工会主席》单行本被工人出版社出版。1956 年，被吸收为中国作家协会会员，被评为全总直属机关先进工作者。1957 年反右斗争中，赵荣声受到不公正待遇。1979 年落实政策后，赵荣声又拿起笔积极从事写作。著有长篇报告文学《我是劳动人民的儿子》《在建设的日子里》《界首船》，回忆录《回忆卫立煌先生》《沿着斯诺的足迹》，传记《把一切献给党》。

赵荣琛（1916—1996） 程派青衣。赵荣琛对程派唱腔的发音吐字、四声韵律精心揣摩，能以腔传情，对程派的表演、身段、水袖，亦能传承其神采。他的嗓音清越高远而不失沉郁凝重，他的唱念细致入微、凝重沉厚，他的表演端庄大方、恬静淡雅，在保持程派艺术精华的同时，还展示了自己的创作才能，常演的剧目有《荒山泪》《青霜剑》《春闺梦》《锁麟囊》等。

江明鉴（1922—1980） 太湖县北中镇宝坪村河边组人。当时的中国军阀混战，民不聊生，幼年的生活艰难困苦。两岁母亲病逝，五岁父亲病逝，后过继给六叔为子。幼时读过两年私塾，迫于生活压力后辍学，在家放牛务农，幼年的江明鉴酷爱读书，先后读完四书五经等，自学了中医书籍，积累了一定的中医理论。

1951 年，望天乡几位老中医联合江明鉴等，合股开办望天中医诊所，江明鉴在诊所担任中医药剂工作，在此期间，勤奋钻研中药医学知识，为之后终生行医奠定了基础。

1953 年，望天私人诊所经社会主义公有制改造，成立望天人民医院，江明鉴正式成为一名医生，开始漫长的农村医疗工作，先后在北中区医院、玉珠乡医院、莲花医院工作，无论在哪里工作，江医生都视患者为亲人，认真服务。无论是高山路陡，还是风雨雪夜，只要有病患需要出诊，从不推诿，用心诊疗。

1960—1980 年，江明鉴除了在医院行医外，还担负着培养各村赤脚医生的重任，成功开办几期望天医院赤脚医生培训班，为农村医疗培训人才，受训的青年在后来的工作中都成为合格的乡村赤脚医生。在此期间，积极参与并指导预防治疗血吸虫病，为望天人民战胜血吸虫病做出了巨大贡献。

祝达先（1921—1990） 太湖县北中镇宝坪村长岭组人。幼年时读过几年私塾，为后来学医打下了坚实基础。十几岁开始学医，师从其爷爷祝燮阳。其间，熟读《黄帝内经》《金匮》《灵枢》《伤寒论》《傅青主女科》等医家典籍。临床尤善伤寒杂症、妇科月经不调、不育不孕等。

在诊治伤寒杂症时，祝达先能根据患者的不同病状，采用不同的药方进行对症下药治理，因而能达到药到病除，妙手回春的疗效。

1951 年，联合江明鉴等医生，创办望天医院，并任医院院长。1953 年转为民营集体单位——望天人民医院，并任医院院长。在任院长期间，全心全意为人民服务，救死扶伤，治病救人。

1972 年调莲花乡卫生院任院长，其间工作尽职尽责，一切为患者着想，深受领导和患者的好评。

状元桥新姿

大事纪略

◉ 1948 年长岭之战

1948 年 6 月底，国民党军 48 师鄂 7 师 4 个营携地方武装共 3000 多人，分 10 路对鄂皖交界的中共皖西一地委和一分区进行围剿。7 月 1 日，中共一地委和一分区的机关在宝坪村的长岭和马嘶铺一带被国民党军发现并紧追不放，引发激烈战斗。据长岭当地村民回忆，枪声和爆炸声此起彼伏，持续了一个昼夜，老百姓都缩在家里不敢出门。战况十分惨烈，双方均有损失，特别是中共军队由于力量较弱，伤亡更大，皖西一分区副政委梁成阵亡。为解长岭之围，中共太湖县委采取“围魏救赵”之计，趁县城守军 526 团倾巢而出、县城空虚之机，率游击大队佯攻县城。参与围剿的国民党军在接到 526 团团长谢尧的求救后，撤出战斗，长岭之围遂解。

◉ 1957 年《罗汉除柳》进京

《罗汉除柳》是宝坪村传承悠久、保留至今的民间舞蹈。该节目由 12 人组成，其中 5 人表演，7 人伴奏。舞蹈表现的是一个货郎被柳树精缠身，最后罗汉出手铲除柳树精的故事。1957 年，村民赵锡清带领赵荣谋、吴金云、吴银云等人排演《罗汉除柳》参加太湖县文艺会演，获一等奖，随后在“安徽省第一届音乐舞蹈比赛”中获得“表演奖”。同年还被选调参加全国第二届民间音乐舞蹈会演，全体演员受到周恩来、朱德等国家领导人接见。

◉ 1969 年赵锡山被国务院追认为烈士

1969 年 6 月上旬，持续三天降大到暴雨，河水猛涨，许多田坝、地坝被涨垮塌，大量农田被淹没，许多农户的房屋倒塌。宝坪大队险峰水库水位猛涨，连连告急，水库大坝出现缺口。

赵锡生听到水库的险情后，连忙从家中拆下了一块门板，扛在肩上，冒着倾盆大雨，往险峰水库冲去。当赵锡生扛着木板，跳进缺口，打算用身子和门板挡住洪水时，又一股洪流向赵锡生扑来，将赵锡生连人和门板一同卷走。为了保卫人民的财产，赵锡生献出了自己的宝贵生命。赵锡生牺牲后，太湖县人民政府作出《向为抢救人民财产而牺牲的赵锡生学习的决定》。同年，国务院追认赵锡生为烈士。

◉ 1991 年重修“状元桥”

1796 年，在宝坪村木垅沟狮象出口处，有一座木板桥。相传赵文楷走出家门，准备上京赶考，从这座桥上经过，踩断桥上的木板，他觉得兆头不好，准备返回。为他送行的母亲劝慰他说：“踩断旧桥建新桥，脱落蓝衫换紫袍。此去一定高中。”赵文楷听了高高兴兴上了路。后来果然中了状元，一举成名。他衣锦还乡后，出钱重修了一座雕龙画凤的花桥，人们称“状元桥”。因历经数百年风雨的侵蚀，“状元桥”于 60 年代垮塌。

1999 年年初，宝坪村“两委”将重修状元桥提到议事日程，并呈报告请求上级予以资金支持。当年，安徽省政协、太湖县交通局、太湖县文化局共同出资 11 万元，重建宝坪村状元桥。状元桥由时任村主任赵锡旺主持修建，钢筋混凝土结构，于年底竣工。

◉ 主要参考文献

余世磊主编 :《风韵太湖 · 戏曲卷》，黄山出版社，2014 年。

朱家托主编 :《风韵太湖 · 名人卷》，黄山出版社，2014 年。

石德润主编 :《风韵太湖 · 艺文卷》，黄山出版社，2014 年。

李候林 :《平民状元——赵文楷传奇人生》，《安庆日报 · 太湖周刊》，2017 年 7 月 31 日。

◉ 编纂始末

禀丰兴教，盛世修志。为了更好地传承和弘扬优秀传统文化，保存宝坪村的悠久历史，延续宝坪村历史文脉，丰富宝坪村的文化内涵，用身边的生动事实，对村民尤其是青少年一代进行思想道德教育，在推进社会主义核心价值体系建设和精神文明建设中，特别是在同心共筑中国梦的伟大进程中，发挥应用的积极作用，2016 年，《中国名村志丛书·宝坪村志》（以下简称《宝坪村志》）编纂工作正式启动。

编纂村志是一项繁重、仔细的系统工程。由于历史久远，行政区划多次变动，大量文字材料散佚，因而资料（史料）的寻找、搜集十分困难。《宝坪村志》编撰人员，本着对历史、对村民、对社会高度负责的态度，尽心竭力，不辞辛劳，顶风雨、冒严寒，上门串户，采访村民等，在不厌其烦、千方百计采集各种资料的基础上加以鉴别和梳理，开始了村志的撰写。历经三年多的辛勤劳作。白天深入走访采集资料，晚间灯下精心编著，度过一个又一个不眠之夜。初稿写成后，又广泛征求意见，多次修改。如今，在县志办，北中镇党委、镇政府，宝坪村两委等领导的重视和关心下，在镇有关单位、部门和村民小组的支持帮助下，经过采编人员的共同努力，并经中国地方志指导小组办公室和安徽省、安庆市、太湖县等各级地方志办公室领导审定，《宝坪村志》终于定稿了。

《宝坪村志》是一部反映和记载宝坪历史和现状的综合性村域文献。旨在通过真实可靠的史料，对自古以来尤其是中华人民共和国成立以来，宝坪村的历史变迁和今天快速推进新农村建设以及经济社会发展等方面作了比较详细地记述，献给今人，留给后人，让人们了解宝坪、认识宝坪、探究宝坪、建设宝坪。

《宝坪村志》一书是集体智慧的结晶，值此志书出版之际，衷心感谢关心、支持并热情为本志编写提供相关情况和数据的有关单位、部门和村民组长，以及余世磊、吴伟华、赵荣民、吴甘来、吴敦聘、赵锡磊、赵荣聪、毕正芳等同志和村民群众。

《宝坪村志》的编纂是项重要的文化工程，在宝坪村尚属首次。尽管我们查阅了大量资料，深入走访了许多人，但由于涉及年代久远，文字资料留存有限，宝坪人文风貌和历史难以详尽。限于编者孤陋寡闻，才疏学浅，还限于我们的编辑水平和实践经验，难免有遗珠之憾，错误之处，恳请领导、专家、读者不吝指正。

编　者

2019 年 12 月

状元故里老石桥（2018 年）　　陈达华　摄